영어 그림책,
하브루타가 말을 걸다

| 개정판 |

엄마와 아이가 행복해지고
영어가 재밌어지는 독서법

영어 그림책,
하브루타가 말을 걸다

이영은 지음

들어가는 글

엄마라는 자리가 힘들어 벗어나고 싶기도 했습니다.
할 수만 있다면 홀가분했던 과거로 돌아가고 싶었습니다.
간절히 원해서 낳은 아이들이었지만 부담이 컸습니다.

육아를 해결해야 하는 문제로 인식했습니다.
육아를 달성해야 하는 성과로 생각했습니다.
해결하려면 할수록 성과를 내려하면 할수록 숨이 막혔습니다.
시간이 흐를수록 미로 속을 헤매는 느낌이었습니다.

철학도 가치관도 없었습니다. 불안하고 조바심 났습니다.
육아는 제게 '부담스러운 일'일 뿐이었습니다.
육아를 일로 생각했고 육아를 나의 능력을 나타내는 도표로 생각했습니다.

만약 내 아이가 선천적으로 언어 재능이 뛰어나거나 배려심 깊고 성격이 원만했다면 저는 오만으로 가득 찼을 겁니다.

당연히 내 덕분이라 여기며 착각 속에 살았을 겁니다.
아이들 덕분에 겸손을 배웠습니다.
아이가 예민했던 만큼 책을 읽었습니다. 나를 돌아보는 시간을 많이 가졌습니다.
아이를 키우는 일에는 노력이 필요했습니다. 마음을 다잡아야 했습니다. 끈기도 필요했고 참을성도 배웠습니다.
아이가 언어 재능에 뛰어나지 않은 평범하기도, 어쩌면 조금 천천히 가는 성향이기에 더더욱 노력해야 했습니다. 작은 바람에도 흔들리는 아기 풀잎처럼 요동치는 내 마음을 다잡아야 했습니다.
아이들 덕분에 끈기를 가지고 노력하고 쿨 하게 잊어버리는 법도 배웠습니다.

아이를 키우는 일은 나 자신을 키워나가는 일이기도 합니다.
무엇보다 삶의 주체는 나이고 내 삶의 모습이 아이에게 가장 큰 교육임을 깨달았습니다.

어두운 곳에서 무기력하게 지냈던 나를 끌어내, 빛을 주는 과정에서 아이들도 밝아졌습니다.
그 과정에 사랑하는 그림책과 아이들이 함께 있었습니다.
그림책을 통해 마음에 온기를 불어 넣었으며 아이들의 마음에 좀 더 가까이 다가갈 수 있었습니다.

이 책은 전문서적이 아닙니다. 엄마로서의 성장과정과 경험을 통해 솔직한 마음을 담은 책입니다.
아이와 함께 영어 그림책을 읽고 하브루타 하는 과정에서 아이의 본질도 나의 본질도 점점 선명해져 갔습니다.

한 사람이라도 저의 책을 통해 공감을 얻고 위로 받는다면 더할 나위 없이 행복할 겁니다.
나아가 영어 그림책에 대한 호기심이 더 생긴다면 그리고 아이와 대화를 나누고 싶다는 희망의 싹이 마음에서 올라온다면, 잠시 멈추고 읽고 쓰는 시간 가졌으면 좋겠습니다.

자신을 사랑하는 엄마가 되고 싶습니다.

가끔 욱하기도 하고 격하게 애정표현을 하기도 하지만 아이들에게 사랑스러운 엄마의 모습으로 남는다면 그것만으로 충분하지 않을까요.

아름답고 사랑스러운 그림책처럼요.

차례

들어가는 글 • 4

Chapter 1
다시 시작하는 도전

어학연수를 꿈꾸게 한 500만 원의 통장 • 14

공부의 재미에 빠지다 • 22

다시 도전을 꿈꾸다 • 27

영어 선생으로 그림책과의 만남 • 32

엄마의 무게 • 40

나를 찾고 싶어 • 46

세상 가장 소중한 건 나 • 51

완벽한 엄마 말고 편안한 엄마 • 56

Chapter 2

진짜 나를 알려준 그림책을 만나다

엄마 또 울어? • 62

더 깊게, 더 오래, 더 많이 • 67

혼자 몰래보는 그림책 • 72

그림책으로 시작된 독서습관 • 77

육아서 말고 그림책 • 82

내가 책을 읽는 이유와 자유 • 86

Chapter 3
영어 그림책, 하브루타가 말을 걸다

하브루타가 뭐길래 • 94

나를 알고 아이를 알기 • 98

내 아이를 알아가는 즐거움 • 104

"엄마, 책 언제 읽어줄 거예요?" • 110

아이와 관계가 좋아지는 대화 • 116

Chapter 4
영어 그림책으로 하브루타 해볼까?

영어를 좋아하는 것이 먼저다 • 122

엄마에게 영어 자신감을 주는 영어 그림책 • 130

엄마는 영어 선생님이 아니잖아요 • 136

영어 그림책 하브루타 어떻게 • 141

하브루타 하기 좋은 영어 그림책 • 150

영어 그림책으로 하는 자존감 키우기 • 155

영어 그림책으로 하는 나를 알아가기 • 164

영어 그림책으로 하는 가족 이야기 • 172

영어 그림책으로 하는 친구 이야기 • 182

영어 그림책으로 하는 자연 이야기 • 190

영어 그림책으로 하는 창의력 키우기 • 199

천 명의 아이들을 만나며

엄마의 사랑과 아이의 사랑 • 210

다시 한 번 새 활짝 피고 싶은 내 인생 • 214

마치는 글 • 218

Chapter 1

다시 시작하는 도전

어학연수를 꿈꾸게 한
500만 원의 통장

고3 수능 후 나는 학교에서 유명인사가 되었다. 수능 다음날 눈이 퉁퉁 부어 쌍꺼풀마저 실종된 내 눈을 보고 그 누구도 말을 걸지 않았다. 수능 시험 날 나는 시험장에서 푹 잤다. 너무 긴장해서 수능 날 아침에 먹은 청심환이 탈이었다. 첫 번째 언어영역 시간부터 졸다가 깜짝 놀라 깨다가를 반복했다. 나 자신이 어이가 없었다. 점심시간엔 밥도 안 먹고 화장실에서 울기 시작했다. 오후에도 내내 울며 시험을 치렀다. 수능을 끝내고 나올 때 내 인생도 끝났다고 생각했다. 교문 앞에서 애타게 나를 찾는 엄마의 눈과 마주쳤을 때 나는 연기가 되어 사라지고 싶었다.

하지만 내 인생에서 내가 원하는 대로 살고 있었는지에 대한 의문이 들기 시작한 것도 이때부터였다. 내가 원하지 않는 대학에 들어갔고 재수하리라 마음먹었지만, 지겹고 반복된 그 시절로 다시 돌아가기 싫었다. 새로운 경험을 하고 싶었고 나를 알아가고 싶었다.

방학 때는 용돈을 주지 않는 게 우리 집의 원칙이었다. 필요하면 본인이 스스로 알아서 돈을 벌어야 했다. 사실 부모님의 목표는 장학금이었지만 고등학교 시절부터 대학생만 되면 해보고 싶은 아르바이트가 많았기 때문에 한편으로는 기대가 되었다. 하지만 부모님께서는

"아르바이트 할 시간에 공부를 하면 네 오빠처럼 장학금이 다 네건데 왜 시간낭비를 하니?"

라고 자주 말씀하셨지만 난 내 방식대로 돈을 벌고 싶었다.

대학교 2학년 여름방학 며칠 전 선배에게 전화가 왔다.

"혹시 이번 여름 방학 때 아르바이트 구했니?"

나의 사정을 아는 선배가 물어왔다.

"아직 못 구했어요."

"그럼 이번 여름방학 때 패밀리레스토랑에서 아르바이트 할 생각 있니? 내가 방학 때마다 하던 곳인데 한 자리가 비어서 전화해봤어."

반가운 마음에 대답했다.

"좋아요."

마침 집에서도 가깝고 패밀리레스토랑에서도 일을 해보고 싶었기에 방학이 되자 일을 시작했다. 물론 생각보다 힘들었지만 함께 일하는 사람들과 친해지고 일이 손에 익으니 재미있었다. 그 선배는 현재 내 두 아이의 아빠가 되었다.

제일 먼저 시작한 아르바이트는 고등학교 졸업하자마자 시작한 카페 아르바이트였다. 왠지 고급스러워 보이고 예뻐 보였기 때문이

다. 하지만 당연히 현실과는 거리가 멀었다. 계속 서서 일하니 다리도 아팠고 진상손님도 많았다. 역시나 돈 버는 게 쉽지 않은 일임을 실감했다. 내가 손님으로 앉아 있을 때의 감미로웠던 노래는 하루 종일 반복재생으로 들으니 지겨운 소음으로 들리기 시작했다.

친구들은 내가 일한다고 놀러 와서 하루 종일 놀다가곤 했다. 손님으로 온 친구들이 마냥 부럽기도 했다. 카페 사장님은 방학이 되면 또 일하러 오라고 말씀하셨지만 또 다른 경험을 해보고 싶었다.

영화관에서의 아르바이트가 인상적이었는데, 쉬는 날 영화를 맘껏 볼 수 있다는 점도 매력적이었다. 하지만 일이 끝난 후 내 포스에 계산이 맞지 않는 날에는 두세 시간 동안 정산하느라 쩔쩔매는 날도 있었다.

뭐니뭐니해도 가장 짭짤한 수입은 프로모션 도우미였다. 명절이나 특별한 날이 다가오면 마트에 상품을 진열해놓고 홍보하고 판매를 하는 일이었다. 수입이 좋은 만큼 경쟁도 치열했다. 아르바이트를 따기 위해서 양주 이름은 물론 술의 역사까지 달달 외워서 면접을 봤다. 추석 후 매출 2위를 찍었을 때 받은 아르바이트 비는 시간당 수당보다 인센티브가 훨씬 많았다. 이제껏 받은 아르바이트 중 가장 큰 액수였다. 수능모의고사 수학 영역을 만점 받은 것보다 더 기뻤다. 돈도 돈이었지만 나를 보고 몇 번이나 찾아오는 손님들 덕에 더욱 보람을 느꼈다.

이렇게 스무 살 때부터 시작된 나의 아르바이트는 그 뒤로도 업종이 계속 바뀌었다. 영어 학원 보조교사, 마트 시식 도우미, 프로모

션 도우미, 영화관, 기업오픈행사 도우미, 어린이집 보조교사 등등. 친구들은 왜 자꾸 일을 바꿔가면서 하는지 무척이나 의아해했다. 몸에 익은 일을 계속하는 게 편하지 않겠냐고. 하지만 나에겐 다양한 일을 하면서 각자의 색을 알아가는 과정이 매력적이었다. 여러 분야를 다양하게 경험하고 싶다는 욕구가 컸다.

가는 곳마다 만나는 사람들의 다양한 매력 또한 내가 여러 가지 일을 해보고 싶은 이유 중 하나였다. 여러 직종의 사람들과 이야기를 나누다 보면 내가 내공이 많이 부족한 애송이 같은 느낌이 들기도 했다. 내 생각의 폭이 좁고 경험의 양도 적다라는 생각이 들었다. 실제로 이십대 초반의 다양한 경험들이 후에 일을 할 때 큰 도움이 되었다.

아르바이트를 시작하고 처음 몇 년은 돈을 버는 족족 써버렸다. 친구랑 맛있는 음식을 먹고, 한턱 쏘기도 하고 쇼핑도 시원시원하게 했다. 내가 번 돈으로 눈치 안 보고 마음껏 쓰는 자유가 무척이나 달콤했다. 그러다 문득 그렇게 막 써버린 돈이 내 노동의 가치를 떨어뜨린다는 생각이 들었다. 열심히 일하고 나름 인생에 대해 배운다는 생각은 들었지만 내 손에 남는 게 없다는 생각이 들었다. 그리고 조금씩 모으기 시작했다. 어릴 때부터 세뱃돈을 받으면 통장에 모아두었는데 그 통장에 아르바이트 비를 조금씩 모으기 시작했다. 그렇게 조금씩 모은 돈은 졸업 때가 되니 500만 원이 다 되어가고 있었다.

대학 시절 여러 아르바이트를 하면서 가장 크게 와 닿은 점이 있다. 각 분야마다 특별히 빛이 나는 사람들이 있었다. 특히나 스스로 하고 싶어서 일을 하는 사람들이 그랬다. 그 빛은 긍정의 빛, 열정의 빛이었다. 나도 그런 밝고 영롱한 빛을 내는 사람이 되고 싶었다.

'그럼 내가 하고 싶은 일은 뭘까?'

아무리 생각해도 시원한 답이 나오지 않았다. 그래서 질문을 바꾸어 보았다.

'내가 가장 좋아하는 것은 무엇일까?'

'내가 뭘 할 때 가장 행복했을까?'

한참을 생각해야 했다. 어릴 적 기억까지 거슬러 올라가니 불현듯 뭔가 잡히는 듯했다. 또래의 동네 아이들을 우루루 데리고 다니면서 선생님 놀이를 할 때가 떠올랐다. 뭔가를 알려주고 가르쳐주는 것을 즐겨했던 내 모습이었다.

초등학교 3학년 때 피아노 학원에서 했던 생애 첫 아르바이트도 생각이 났다. 나보다 어린 동생들과 잘 지내는 모습을 선생님이 보시고 물어보셨다.

"피아노 수업 후에, 한 시간 정도 남아서 동생들 좀 봐줄 수 있니?"

"네?"

"선생님이 보니까 동생들을 아주 잘 돌보던데, 동생들 피아노 이론 책 푸는 것 좀 도와줄래? 그럼 선생님이 아르바이트비도 줄게."

"네? 네! 좋아요!!"

아르바이트비를 벌 수 있는 것도 좋았지만 그보다 선생님이 된 듯한 기분에 신나서 폴짝폴짝 뛰며 엄마에게 자랑했던 기억이 났다.

다음날부터 어린 동생들 학습지도 봐주고 피아노 책도 봐주었다. 언니 오빠들의 질투심을 살짝 느끼기도 했지만 개의치 않았다. 난 선생님이 인정한 보조 선생님이니까!

한 달 뒤 피아노 선생님이 준 아르바이트비 5,000원을 주머니에 넣지도 않고 펄럭거리며 의기양양하게 슈퍼로 향했다.

내가 하고 싶은 일에 가까이 갈 수 있을지는 모르겠지만 우선 행동에 옮겨보기로 했다.

대학교 3학년 겨울방학 때 휴학을 하고 다른 대학에서 1년 동안 보육교사 자격증을 취득했다. 유아에 대한 이론을 공부하는 일은 가슴 뛰고 흥미로웠다. 마치 이미 좋은 선생님이 된 것 같은 착각도 들었다.

자격증을 따고 실습으로 나간 어린이집에서 나는 좌절했다. 내가 원한 건 선생님이었지만 현실은 교육이 아닌 보육이었다. 선생님보다는 쩔쩔매는 초보엄마가 된 기분이었다.

어린이집에서는 정규수업 외에 여러 특강수업을 하고 있었는데 영어 특강 선생님이 오자 아이들의 반응은 열광적이었다. 내심 서운한 마음도 들었다. 아이들과 마찬가지로 내 눈에도 전문적이고 빛나 보였다. 연예인처럼 멋져 보이기까지 했다. 순간 내 머릿속에 반짝이는 불이 켜진 듯했다.

"바로 저거다!"

영어 공부를 위해 어학연수를 결심했다. 당시 전공도 서양어문학

부여서 영문과를 복수전공할 수 있었지만 다른 길을 선택하기로 했다. 몸으로 느끼고 영미문화를 이해하는 영어 공부를 하고 싶었다. 또한 더 큰 무대에 나가 다양한 세상을 알고 경험하고 싶었다. 내 생각의 파이를 늘리고 깡도 단단히 다지고 싶은 생각이 컸다. 어른이 된 마냥 독립해서 살아 보고 싶은 마음도 컸다.

부모님은 당연히 반대하셨다. 휴학하는 것도 탐탁지 않으셨는데, 졸업하고 취직이 아닌 유학이라니.

부모님과 싸워서는 절대 갈 수 없다. 방법을 찾아야 했다. 우선 내 통장을 찾아 잔고를 확인해 보았다.

세뱃돈부터 아르바이트로 모은 돈은 500만 원 남짓이었다. 고심 끝에 부모님께 보여드릴 계획서를 쓰기 시작했다. 내가 꼭 어학연수를 가야 하는 이유와 다녀와서의 효과에 대해 나열했다. 한 학기 내내 설득 끝에 허락을 받아냈다. 아마도 제일 먹혔던 설득은 500만 원의 통장이 아니었나 생각된다. 아르바이트 비를 다 쓰지 않고 모아두길 잘했다는 생각이 들었다.

내가 선택한 곳은 한국 사람이 거의 없는 곳이었다. 사람을 좋아하는 내가 외국에 가서 한국인에게 의지하고 기대는 모습이 싫었다. 여행을 많이 다닐 수 있는 유럽으로 가서 언어뿐 아니라 여러 나라의 문화도 경험하고 싶었다.

그렇게 대학졸업이 다가오고 출발하는 전날이 되었다. 막상 가려고 생각하니 덜컥 겁이 났다. 그 전에 생각하지 못했던 걱정거리와 근심들이 한꺼번에 몰려왔다.

'외롭진 않을까? 위험한 상황이 닥치진 않을까?'

출발하는 날 천재지변이 일어나서 비행기가 뜨지 않았으면 좋겠다고 생각했다. 막상 일을 질렀는데 무섭고 두려운 마음이 컸다.

'과연 내가 혼자서 잘 해낼 수 있을까?'

걱정과 근심의 꼬리를 물고 밤잠을 설쳤다.

다음날 당연히 천재지변은 일어나지 않았고 나는 비행기에 앉아 눈물을 훔치고 있었다.

공부의 재미에 빠지다

처음 한 달은 입을 떼지도 못했다. 과연 이곳에 잘 온 게 맞나, 부모님 말씀을 들을 걸 하는 후회들이 나를 괴롭혔다. 점점 소심해지는 내가 보였다. 동네 작은 마트에 가서 물건을 하나 사는 일조차 두려웠다. 말을 못하니 얼음이 녹듯 자신감이 사그리 녹아버렸다. 다시 한국으로 가고 싶은 맘도 굴뚝같았다. 하지만 큰소리 뻥뻥 치고 온 뒤라 부모님께 잘 지낸다는 말만 하면서 어떻게든 버텨 봐야겠다는 생각을 했다. 우선 3개월이 지나서 다시 생각해 보자라고 다짐했다.

학교에 가니 반에서 내가 유일한 동양인이었다. 다들 신기한 눈으로 나를 보면서 질문을 던졌다. 한국 사람은 태어나서 처음 본다는 유럽 친구들도 많았다. 심지어 한국, 중국, 일본은 다 같은 언어를 쓰는 게 아니냐는 말을 하는 친구들도 있었다. 외국에 나가면 애국자가 된다더니 그들에게 한국인의 이미지를 좋게 남기고 싶었다. 그들보다 뒤처지기 싫었다. 어순과 스펠링이 비슷한 유럽 친구들은 나보다 쉽게 영어를 익히는 듯했다. 내심 부러웠지만 그들보다 더 노력해야 한다는 사실이 나를 더욱 부지런하게 만들기도 했다.

학교에서 돌아오면 그날 배웠던 내용을 복습했다. 복습만이 나에겐 살 길이었다. 그날 배운 내용은 무조건 하루에 수십 번 이상씩 말하고 쓰고 관련문제를 풀었다. 두 달 뒤 일본인 여학생 한 명이 오게 되었다. 동양여자 친구라 반가운 마음에 이야기를 종종 나누었다. 둘 다 부족한 영어 실력이었지만 내심 나보다 늦게 들어오기도 했고 발음도 내가 좀 낫지 않을까라는 생각을 가지고 있었다. 그날도 그 친구와 함께 앉아 수업을 들었다. 서로 짝끼리 대화를 해보고 느낀 점을 학생들에게 말해보는 수업이었다.

그 친구는 나의 평가를 "영어발음이 좀 알아듣기가 힘들어요. P발음과 F발음을 구분하기가 힘드네요."라고 반 친구들 앞에서 이야기했다. 심지어 난 칭찬만 하고 난 뒤였는데.

내 자존심은 바닥을 쳤고 겉으로는 웃고 있었지만 내 얼굴은 이미 달아오른 용광로였다.

평소에 발음이 유창하지 않았다는 건 알았지만 그 친구가 내 발음이 이상하다는 이야기는 나의 자존심을 제대로 건드린 것이었다.

'오케이 접수! 두고 보자!'

그 뒤에 매일 틈만 나면 발음 연습을 했다. 평소에 발음은 성인이 되어 교정하기가 힘들다는 이야기를 들었지만 "노력하면 되지 않는 것이 없다는" 말이 더욱 진실에 가까웠다. 버스를 탔을 때, 쉬는 시간은 물론 화장실에 앉아서도 발음 연습을 하고 또 했다. 지금도 F랑 P

발음을 할 때면 화장실에 앉아서 연습했던 생각이 난다.

화장실은 노래만 잘 부르기 좋은 장소가 아니었다. 영어 발음교정 하기도 최적의 장소였다. 아무도 없는 곳에서 큰소리로 말하고 듣기 좋은 곳이었다. 지금도 가끔씩 화장실에 앉아 있으면 이때가 생각난다. 그러면 자연스레 입가에 웃음이 머금어지는데, 이제는 그 친구에게 고마운 생각까지 든다. 아주 조금이지만.

처음으로 공부를 하느라 시간 가는 줄 몰랐다. 공부하다 시계를 보면 밤 12시가 훌쩍 넘어 있는 적도 많았다. 공부를 하면서 시간이 빨리 갔던 적은 이때가 처음이었다. 점점 영어 공부에 빠지는 내가 보였을 때 조금씩 들리기 시작했다. 영어가 들리기 시작하니 유창하게 이야기를 하고 싶어졌다.

신기하기도 하면서 재미있어지는 시점이었다. 영어 공부를 하면서 내가 이렇게 공부를 했으면 서울대도 갔겠다는 생각이 들었다. 영어에 대한 자신감이 붙으면서 더 깊이 공부하고 싶다는 생각이 들었다. 학교수강 기간이 끝나가는 시기였고 아르바이트를 어렵게 구하고 더 공부하기로 결심했다.

문득 내가 이렇게까지 공부에 빠진 이유가 궁금했다. 전에 없던 내 모습이 낯설었다. "공부가 제일 쉬웠어요"라고 유행어를 남긴 유명인의 말은 나에게 우주인 이야기였는데. 새로운 내 모습이 마음에 들기도 하고 신기하기도 했다. 재미있기도 했지만 물론 그보다 힘든 것도 많았다. 원래의 계획보다 연장이 되어 학교수업 후나 주말에도 아르바이트를 하면서 공부해야 했다. 은근히 동양인을 무시하는 사람들 때문에 자존심이 상하기도 했다.
'그럼에도 내가 공부에 빠진 이유는 뭘까.'
대학수능시험의 호된 경험 이후로 나에게 질문을 던지는 습관이 생겼다. 항상 질문과 정답은 내 안에 있었다. 이번에도 내가 내린 답은 바로 하고 싶은 공부를 생애처음으로 스스로 선택하여 실행했다는 점이었다. 수십 년을 공부했지만 진정으로 하고 싶어 하는 공부는 없었다. 긴 세월을 인내했지만 결과는 쓰디쓴, 다시는 돌아가기 싫은 시간들이었다.

이제껏 학교 혹은 학원에서 짜인 틀 안에서 수동적으로 공부했다. 전과 달리 나만의 계획과 진도대로 하는 공부는 색달랐다. 하면 할수록 더 채워가고 싶고, 하면 할수록 더 깊어지고 싶은 욕구가 생기기 시작했다. 누가 평가하고 누군가를 보여주기 위해 점수를 매기는 공부가 아닌 스스로 깊어지고 채워지는 느낌이 황홀하기까지 했다.

"배움은 꿀처럼 달다"라는 유대인의 속담이 있다. 예전엔 도통 무슨 말인지 와 닿지 않았었다. 배움은 끝없는 인내이고 수행과정인데 어떻게 꿀처럼 달 수가 있을까 의아했다.

하지만 필요에 의해서 나의 의지대로 스스로의 가치를 높이기 위해 하는 공부는 꿀보다 달고 기분 좋은 날 마시는 소주보다 달콤했다.

'한국에서는 왜 이렇게 주체적으로 살지 못했을까?'
이제껏 내 삶의 주인공인 내가 조연들의 시선에 신경을 쓰고 살고 있었다. 막상 내 속에 주인공인 나보다 조연의 지분이 훨씬 더 컸던 것이다. 부모님, 선생님, 친구들, 혹은 사회의 잣대들. 껍데기 공부는 집어치우고 내 지분을 늘리는 삶을 살아가고 싶다는 생각을 하기 시작했다.

다시 도전을 꿈꾸다

　한국에 오자마자 취업할 생각은 없었다. 쉬면서 친구들도 만나고 여유롭게 여행도 다니고 싶었다. 스무 살 때부터 일하지 않은 적이 없었으니 쉬고 싶은 생각이 간절했다. 외국에서도 일하면서 공부하고 방학 때는 돈이 모일 때마다 유럽 배낭여행을 다녔다. 식비와 잠을 아껴서 저렴한 교통수단만 이용했다. 몸이 좀 힘들더라도 경비를 아껴야 조금이라도 더 볼 수 있었다. 숙소비와 비행기 값을 아끼기 위해 공항에서 노숙 아닌 노숙을 한 적도 있었다. 잘 씻지도 못하는 건 물론이고 식비를 아끼기 위해 하루 종일 바게트 하나로 버틴 적도 있었다. 결국 입천장에서 피가 나고 헐었지만 그땐 그게 청춘의 열정이라 생각했다. 고생하며 다닌 여행이 더 기억에 남는다. 지금 하라면 다시 못할 그 여행이 나에게 큰 가르침과 인생을 살아갈 수 있는 용기를 주었다.

　'세상 어디를 가도 먹고살 수 있겠다'라는 생각은 고되고 힘든 여행으로 깨달은 값진 공부였다.

힘든 여행을 다니다 보니 육신이 지쳐 있었다. 간만에 집밥 먹으며 충전하고 싶은 맘이 굴뚝 같았다. 하지만 집에 오니 졸업 후 취업을 해야 하는 사람이 나 말고 한 명 더 있었다. 오빠는 당시 대학원을 졸업하고 취직을 준비하고 있었다. 내가 한국에 오자 취업 준비생이 한 집에 두 명이 된 것이다. 부모님의 한숨소리가 나 들으라는 듯 더 크게 들렸다. 쉬고 있을 수만은 없었다.

한국에 온 지 일주일 후, 전화가 왔다. 회사에서 면접을 보러 오라는 전화였다. 사흘 전 어린이 영어교사를 구하는 곳에 이력서를 냈다. 회사에 올 때까지는 떨리는 맘이 없었다. 면접순서를 기다리는데 갑자기 긴장이 되기 시작했다. 면접장에서는 영어를 유창하게 말하는 면접자들의 소리가 띄엄띄엄 들려왔다. 집을 나설 때만 해도 자신감 충만이었는데 갑자기 바람 빠진 풍선처럼 마음이 쪼그라들었다.

'대답을 못하면 어떡하지? 영어가 생각 안 나면 어떡하지? 준비했던 질문 말고 다른 질문이 나오면 어떡하지?'

이런저런 생각에 몸에 땀까지 나기 시작했다. 그러다 이래선 안 되겠다 싶어 마음을 다잡았다.

'그래! 외국에서 일하면서 동양인이라 무시당해도 웃으며 버텨냈던 깡으로 해보자! 적어도 여긴 한국이다!'

라고 생각하니 한결 마음이 편해졌다.

드디어 내 차례가 되었고 면접은 영어로 진행되었다. 슬픈 예감의 직감은 언제나 맞듯 예상 밖의 물음이 나왔다.

"다른 면접자들과 다른 자신만의 장점이 무엇인가요?"

그전 질문까지 잘 이야기하다가 그만 말이 막히고 말았다. 그냥 장점은 연습을 많이 했는데 남과 다른 장점은 생각해보지 못했었다. 고민 끝에 솔직하게 말하자 싶어 정적을 깨고 대답을 시작했다.

"물론 저보다 능력이 뛰어나시는 분들도 많을 것입니다. 이미 경력이 있으셔서 자신만의 노하우를 가지고 계신 분도 많을 것이구요. 하지만 저는 아이들을 이해하고 좋아하는 마음이 가장 중요하다고 생각합니다. 제가 아이들의 영어 능력을 향상시킬 수 있다고 장담할 순 없지만 저를 좋아하게 할 자신은 있습니다. 그리고 저를 좋아하는 것만큼 영어도 좋아하게 만들 것입니다."

갑자기 어디서 튀어나온 자신감일까? 내가 신기하기도 기특하기도 했다. 사장님과의 2차 면접은 한국 말로 진행되었다. 1차 면접 때보다 편안한 마음으로 대답하고 마무리 되었다.

며칠 뒤 합격전화가 왔고, 한국에 온 지 2주 후 첫 출근을 했다. 기쁜 마음에 날개 달린 자신감이 하늘을 날 듯 발걸음이 가벼웠다. 내가 급하게 구한 대타 선생님인 걸 알아챈 건 첫 출근 후 두 시간 뒤였다.

당시 회사 방침은 신입교사 교육을 3개월 진행하고 그 후 기존 교사 앞에서 PT후 현장 실습 순서였다. 이미 3개월의 신입교사 교육은 끝난 뒤였다. 기존 교사 앞에서 수업시범을 보이는 순서가 나를 기다리고 있었다. 나만을 위한 추가 교육은 없었다. 쩔쩔매며 동료교사 혹은 선배기수 선생님들께 도움을 구해보았다. 하지만 신입교사들은 본인 앞가름하기에도 벅찼고, 기존교사들은 새 학기 준비에 바쁜 시기였다. 누구 하나 선뜻 나서서 도와주지 않았다. 억울한 마음이 들었다.

'제대로 알려주지도 않고 나보고 맨땅에 헤딩하라니! 말도 안 돼!'
교사들 앞에서 시범수업을 해야 하는 날이 다가오고 있었다. 어떻게든 헤쳐나가야 했다. 혹은 취직하자마자 회사를 관두거나.

빠른 취업 후 부모님은 물론 친구들한테 축하받고 칭찬받은 지 채 한 달도 되기 전에 회사를 그만두는 건 자존심이 허락하지 않았다.

'오케이 안 가르쳐주면 내가 나를 가르치면 되지! 혼자 힘으로 한번 해보자! 어떻게든 되겠지. 안 될 때는… 음… 그때 가서 생각해보자.'

다행히 대학교를 다니면서 간간히 취득해둔 자격증이 큰 도움이 되었다. 그 중 대학교 2학년 때 어린이 영어 지도사 자격증을 취득한 것이 한몫 단단히 했다. 당시의 교재들을 꺼내서 연구하기 시작했다. 휴학을 하고 1년 동안 보육교사 자격증을 딴 것 또한 도움이 되었다. 최대한 그때의 기억을 떠올리며 수업계획표를 만들었다. 막막하기도 하고 때로는 '이렇게 하는 게 맞는 건가?' 하는 생각이 끊이질 않았다. 선생님들 앞에서 수업하는 것이 아니라 아이들과 함께한다고 생각하면서 준비했다.

'내가 재미있으면 아이들도 재미있을 거야! 해보는 데까지 해보자'
하고 머리가 복잡해질수록 단순하게 생각하려 노력했다.

며칠의 밤샘작업 후 발표 날이 전날로 다가왔다.

발표 날에는 사장님을 비롯해 영업사원들도 함께 참관을 했다. 이 또한 나만 몰랐던 사실이었다. 갑자기 오기가 발동하기 시작했다. 잘해내고 싶은 마음이 더욱 강하게 들었다. 발표가 시작되고 순서는 마지막이었다.

신입선생님들은 교육을 받은 대로 수업을 준비했고 내용들도 비슷비슷했다.

내 순서가 다가오자 심장은 내 의지와 상관없이 멋대로 막춤을 추고 있었다.

'나는 지금 아이들 앞에서 하는 거다. 저들은 어른이 아니다. 저들은 6세 아이들이다. 레드 썬!'

이렇게 수도 없이 스스로에게 최면을 걸었다. 발표가 시작되었고 끝이 났을 땐 마치 꿈에서 깬 듯한 느낌이었다. 때로는 웃기도 하고, 의아해하기도 하던 눈빛들이 무엇을 말해주는지 몰랐다.

며칠 후 회사를 갔을 땐 몇몇 신입선생님들이 보이지 않았다.

발표를 통해 실력이 부족한 선생님들은 더 이상 일을 하지 못했다. 이 또한 몰랐던 사실이었기에 담담하기도 씁쓸하기도 했다.

영어 선생으로
그림책과의 만남

여전히 선생님들과의 관계는 힘들었다. 마지막 기수 중에서도 제일 끝으로 입사했던 나는 언제나 이방인 취급이었다. 복사는 물론 커피 심부름까지 나서서 하고 인사도 열심히 해보았지만 동료교사들의 반응은 싸늘했다.

그날도 교육 후 뒷정리를 도맡아 하고 있었다. 선생님들은 담화를 나누면서 교육 후 식사장소를 정하고 있었다. 당연히 나도 마음의 준비를 하고 있었다.

'좋아! 사적인 자리에서 더 편안한 분위기라면 친해질 수 있겠다.'

간만에 회사에서 설레는 마음까지 들었다. 1분도 지나지 않아 나의 기대는 산산조각 나버렸다.

"선생님들 그럼 나가서 우리 밥 먹어요. 뒷정리는 두고 다들 나갑시다."

그리고 다들 가벼운 발걸음으로 나갔다. 나만 빼고.

순간 내가 투명인간이 되는 초능력이 생긴 줄 알았다. 텅 빈 교육실에 혼자 남아 뒷정리를 했다.

'아… 왕따라는 게 이런 거구나. 앞에서도 없는 사람 취급할 수 있는 거구나….'

이런 생각이 들자 눈물이 났다. 마음이 시리고 서럽고 초라했다. 잘못한 것도 본인들에게 피해를 준 것도 없는데.

화가 나고 마음이 아렸다. 그 후 회사 가는 날이 두려웠다. 그 눈빛들이 무서웠다.

그 후로도 비슷한 일은 종종 반복되었다. 이유를 알지 못하니 더욱 답답한 마음이 들었다. 회사 가기 전날은 물론 다녀와서도 밤에 잠이 오지 않았다. 어떻게 해야 할지 해결책이 떠오르지 않았다.

그렇게 혼자 걱정을 하다 보니 시간이 지날수록 오기가 생겼다.

'이런 일로 작아지거나 그만둔다면 그들이 바라는 대로 되는 일이야. 모든 사람이 나를 좋아할 순 없어. 모두가 나를 싫어해도 어쩔 수 없어. 매너 없는 사람들에게 애정을 구걸하지 말자'
하고 나를 위로했다.

시간이 지나면 마음에 근육이 생길 줄 알았지만, 비슷한 일이 생길 때마다 이미 생긴 상처는 여전히 따가웠다.

수업을 준비하는 하루하루 또한 벅찬 시간들이었다. 당시 영어 그림책 한 권으로 16차시 수업을 했다. 유치원의 사정에 따라 한 권으로 한 학기 수업을 하기도 했다. 영어 그림책 한 권으로 16번의 수

업의 계획안을 짜는 일은 초보 선생님인 나에게 쉬운 일은 아니었다. 그림책 한 권을 파고 또 파는 수밖에.

아이들에게 스토리텔링을 해주기 전 100번은 읽어보고 해야 된다는 생각으로 책을 보고 또 보면서 점점 그림책에 빠지기 시작했다.

'그림책이 이렇게 재미있는 거였어? 보고 또 봐도 새롭네. 이렇게 깊은 의미가 숨어있 다니.'

여러 번 읽다보니 내가 읽을 때의 감정과 상황에 따라 이야기가 편이하게 달라졌다. 어느 순간 그림책으로 위로를 받기도 하고 눈물을 흘리기도 했다. 또한 나의 영어가 더욱 감성적으로 풍부해진다는 생각도 들었다. 내가 감동받고 깊게 빠진 그림책을 아이들에게 읽어줄 때면 하나라도 더 보여주고 더 즐기게 해주고 싶었다.

'그래. 내 상대는 동료 선생님들이 아니라 나를 기다리는 아이들이야.'

상처를 위로하듯 아이들이 나를 따라줬고 어느 순간 아이들에게 큰 힘을 받고 있었다. 아이들에게 힘을 얻고 수업을 하는 시간동안 푹 빠져 일을 즐기고 있는 나를 느꼈다. 누군가를 위해서가 아닌 스스로의 만족감으로 벅찬 순간들이었다.

아이들이 까르르 넘어가거나 좋아할 때면 몸에 전율이 흐르는 뿌듯함을 맛보기도 했다.

'이 일을 할 수 있어 너무 감사하다. 이 일이야 말로 내가 원하던 일이구나!'

아이들에게 보답을 하고 싶었다. 보답하는 길은 아이들과 즐겁게 영어로 즐기는 것이라 생각했다. 영어 노래에 맞춰 율동을 만들어 연습하기도 하고 밤새 시간가는 줄 모르고 교구를 만들었다.

당시 우리나라에서 즐겨 부르는 어린이 영어 노래들은 한정적이었다. 가사는 같은데 멜로디만 다른 노래들, 내가 어렸을 때부터 배워왔던 노래들이 대부분이었다.

외국 사이트를 뒤지기 시작했다. 모르는 컴퓨터를 배워가며 음원을 다운받고 율동을 만들기도 했다. 아이들의 반응은 폭발적이었다. 생각 끝에 동료 선생님들께도 자료를 나누어 주었다. 나도 사람인지라 선생님들께 줘야 하나 고민도 되었다. 하지만 선생님들이 가르치는 아이들도 좋아할 거라 생각하니 나의 고민이 후회가 되고 부끄럽기도 했다.

선생님들의 태도 또한 호의적으로 변하기 시작했다. 당시 선생님들은 각자의 교육소스를 잘 오픈하지 않는 분위기였다. 자신의 교육소스의 양이 자신의 능력과 경력을 나타내는 것이라 생각하고 하나를 알려주면 하나를 더 얻고자 하는 분위기였다. 내심 다 같이 공유해서 피드백을 하면 더 발전하고 결국 본인이 가장 성장할 건데 하는 아쉬움이 있었다. 선생님들과의 관계가 조금씩 좋아지고 수업을 하는 게 재미가 있어지니 일에 대한 열정도 커져 나갔다.

회사에서는 새로운 유치원의 모델수업이나 설명회가 있으면 선생님들에게 부탁을 하곤 했다. 하지만 선생님들은 당장의 수익이 생기는 것도 아니고 준비하는 것도 힘들었기에 거절을 많이 하는 편이었다. 결국 나에게까지 기회가 오자 나는 이것 또한 나를 위한 성장의 기회라고 생각하고 부탁에 응했다.
'내가 왜 이걸 한다고 해서 사서 고생을 하지?'
하는 마음도 들었다. 막상 한다고는 했지만 부담도 되고 중요한 기회를 망쳐 버릴까 걱정이 되었다. 회사 직원들조차 과연 신입선생님이 잘해낼 수 있을까 하는 걱정의 눈빛으로 지켜보곤 했다. 하지만 이 경험은 회사생활에 있어서 아주 값진 경험이었다. 쉬는 날을 종종 반납해야 했지만 점차 사람들 앞에서 조리 있게 말하는 법도 늘고 설명하는 것을 즐기게 되는 나를 발견했다. 묘한 성취감과 자신감이 솟기도 했다. 또한 영업사원들과 사장님과 이야기할 기회도 많아지면서 회사의 입장과 본사의 방침에 대해서도 좀 더 알게 되었다. 선생님 입장에서만 머무는 것이 아니라 전체적인 입장에서 보려는 눈이 생기기 시작했다. 나와 같은 입장의 무리와 있다 보면 종종 나만의 입장에서만 이익을 생각하고 판단내리는 경우가 많지만 관점이 넓어지다 보니 생각의 크기도 커졌다.

신나게 일한 지 3년이 되던 해였다.
사장님이 나를 부르셨다. 내심 또 설명회 때문에 부탁을 하려나 보다 생각했다.
"선생님, 내년에 우리 회사에서 새로운 프로그램을 런칭을 하는데 팀장을 맡아주셨으면 합니다."
예상치 못한 제안이었다. 놀랐지만 나도 모르게 심장은 뛰고 있었다.

"네? 전 이제 3년차이고 선배기수 선생님들이 많이 계신데… 제가 감히….''
"경력보다 선생님의 열정과 노력이라면 하실 수 있을 거라 생각이 됩니다. 며칠 생각해보시고 답변 주세요."
"네. 어쨌든 좋게 봐주셔서 감사합니다."
사장실에서 나오는데 좋아하던 이성에게 고백 받고 나온 마냥 두근거리고 설레기 시작했다.
하지만 현실을 직시 하는 건 오래 가지 못했다.
'내가 과연 자질이 될까? 어떻게든 열심히 하면 되겠지. 하지만 만약 팀장이 된다면 내가 나이가 제일 어린데 선생님들을 잘 이끌고 갈 수 있을까? 이제 겨우 선생님들과 좀 친해졌는데 다시 왕따 당하면 어떡하지?'
아무리 생각해도 힘들 것 같았다. 3일을 고민하고 마음을 먹었다.
"사장님. 해보겠습니다."
결심은 했지만 막상 어떻게 선생님들을 이끌어 나가야 할지 막막했다.
다음날 서점에 가서 리더십에 관한 책들을 몇 권 사서 읽어보기도 하고 좋은 강연이 있으면 들으러 다녔다. 본사 강의는 멀리 있더라도 무조건 참석하여 듣고 본사 직원들과의 좋은 관계도 유지하려 애썼다. 팀장이 되면 나처럼 힘들어하는 선생님이 없었으면 좋겠다는 마음이 가장 컸다. 사회생활을 하면서 일이 힘든 부분보다 함께 하는 사람과의 관계에서 스트레스가 더 많을 수 있다는 것을 누구보다 잘 알기에 팀 내에 분위기를 밝게 만들자는 생각이 제일 컸다. 지시하거나 선두에서 이끌기보단 행동으로 선생님들에게 인정을 받고 싶었다. 회사에서도 실적이 제일 뛰어나기보다 분위기가 제일 좋은 부서라는 말이 가장 감사한 평가이자 목표이기도 했다. 누구보다 부지런해야 했으며 공부도 많이 해야 했다.

  일에 대한 열정은 그 일을 좋아할 때 나오는 것임을 깨달았다. 아르바이트를 하며 빛이 났던 인생 선배들의 모습도 떠올랐다. 역시 인생은 글로 배우는 게 아니었다. 선생님들이 나를 우러러보기보단 같은 입장에서 배울 점이 있었으면 좋겠다고 생각했다. 막막한 선생님들에게 도움이 되고 싶었고 힘든 일이 있을 때 위로가 되고 싶었다.

  물론 나의 진심들이 쓰디쓴 상처로 되돌아오기도 했다. 혼자서 펑펑 울기도 하고 힘들어도 아무렇지 않은 척 선생님들 앞에서 교육을 하는 날도 있었다. 때로는 내 방법에 대한 후회도 했다. 더 쉽게 가고 싶다는 생각도 했다. 하지만 시간이 지나면서 깨달았다. 아무리 노력하고 애써도 세상의 적은 생길 수 있다는 것을. 생각을 달리 하기로 했다.

  '선생님 20명 중 나의 진심을 알아주는 선생님이 3명만 되면 성공이다. 그 3명을 위해 달리고 달리자.'

  목표를 다시 세우고 마음을 다잡았다. 마음을 비우니 선생님들의 호의적인 태도도 눈에 띄게 늘었다.

팀장을 맡고 2년차에 본사 최우수 교사로 선발되기도 했다. 본사의 여러 프로젝트에 참여하여 선생님들과 좋은 성과를 맛보기도 했다. 본사의 의뢰로 전국교사교육 강의의 기회도 찾아왔다. 한 달 동안 밤잠을 설칠 만큼 무겁고 부담스러운 자리였지만 우리 지사의 선생님들을 생각하며 본사에서 부탁하는 일이면 되도록 힘이 닿는 데까지 하려 했다. 열심히 하면 이루어진다는 말이 이때는 진실처럼 받아들여졌다. 물론 그렇지 않은 일도 많다는 걸 뒤늦게 알게 되었지만.

내 이십대는 절절한 연애담보다 일거리에 대한 무용담으로 가득 찼던 시기였다. 그 시절의 나는 일이 최우선이었으며 가장 즐겁고 행복한 것 또한 일이었다.

엄마의 무게

　스무 살 이후 학기 중을 제외하고는 단 한 달도 일을 쉰 적이 없었다. 학생 때는 아르바이트, 졸업 후엔 직장생활로 나의 20대는 일의 연속이었다. 쉬고 싶다는 생각이 들기도 했지만 취업 후엔 일이 재미있으니 더 잘해내고 싶다는 마음이 컸다.
　결혼 후에도 일을 하는 건 당연했다. 직장과 가까운 곳으로 신혼집을 마련했다. 결혼을 해도 내 삶은 큰 변화가 없었다. 여자 인생에서 진정한 변화는 결혼이 아님을 엄마가 되고 나서 알았다.
　결혼 후 몇 년 동안 아기 소식이 없었다. 아이를 계획하고 무산이 반복되던 어느 날 드디어 임신을 하게 되었다. 한없이 기뻤지만 출산 후의 일이 걱정되기도 했다.
　당시 교육현장에 있으면서 깨달은 하나는 '내 아이는 내가 키우자'였다. 사실 아이를 맡길 데도 마땅치 않았다. 문제는 육아와 일을 병행할 것인지 아니면 육아에 올인 할 것인지였다. 막상 일을 그만두려 하니 이제껏 쌓아온 내 열정에 대한 성과들이 아쉬웠다. 그렇다고 일과 육아를 병행하자니 완벽하게 해내지 못했을 때 나 자신에 대한 실망감이 들까봐 무서웠다.

함께 일하던 동료 선생님들도 일과 육아를 병행하는 것에 대해 부정적이었다. 나 또한 워킹맘으로 살아가는 동료 선생님들을 보며 대단하다고는 생각했지만 한편으로는 안쓰러운 마음이 들었다.

수많은 고민 끝에 아쉽고 아깝기도 했지만 육아에 전념하기로 결심했다.

'아이도 잘 키울 수 있을 거야. 내가 했던 일처럼 잘해내야지. 남보란 듯 잘 키워야지. 일을 쉬지만 더 큰 성과를 나타낼 수 있게 만들어야지!'

크나큰 착각과 위험한 희망을 안고 위안을 얻고 있었다. 일을 그만둔다는 두려움을 육아 성과로 나타내고 싶은 속마음이 있었다. 지금 생각해보면 정말 끔찍하고 위험한 발상이 아닐 수 없다. 아이에게도 나 자신에게도 이런 잘못된 생각이 나를 암흑으로 끌고 간 게 아닌가 싶다.

만삭이 될 때까지 일을 하고 아이를 낳기 일주일 전 일을 정리했다. 부푼 기대를 안고 설레는 마음으로 아이와 빨리 만나기만을 기다렸다. 10년 넘게 일을 하다가 드디어 쉰다는 착각에 설레기도 했다. 잠시나마 크나큰 착각 속에서 행복에 젖어 있었다.

기다리던 첫째 아이를 낳은 날의 기분은 태어나 처음 느껴보는 감정이었다. 말과 글 표정으로도 표현할 수 없을 정도의 벅찬 마음과 감사함이었다. 아이를 처음 안은 날은 내가 인류 세계에 뭔가를 해냈다는 뿌듯함이 들기까지 했다. 조리원에서 집에 오기 전까지는 정말이지 너무 행복했다. 고작 가끔씩 수유를 하러 아이에게 가면서 이 정도라면 할 수 있겠다는 오만한 생각까지 했으니 말이다.

집으로 와 아이가 백일이 되기 전까지 3시간을 연달아 자본 적이 없었다. 모유수유 때문에 새벽에 두 시간 간격으로 자다 깨다를 반복했다. 나에게 육아에서 가장 힘들었던 건 바로 잠이었다. 밤새도록 푹 자보는 게 그 시절 가장 큰 소원이었다.

주위 선배엄마들은 말했다.

"100일이 지나면 괜찮아질 거야."

"모유수유가 끝나면 괜찮아질 거야."

"돌 지나면 좀 괜찮아질 거야."

지나면 또 지나야 할 산들이 많았다.

첫째아이가 돌이 지나니 정말 말대로 좀 괜찮아지는 것 같았다. 하지만 돌잔치는 결혼식보다 더 힘들었다. 뭐 그렇게 알아보고 준비해야 되는 것들이 많은 건지. 그래도 아이가 돌이 되니 걷기도 하고 제법 말귀를 알아듣고 뭐니뭐니 해도 통잠을 자주니 그 또한 좋을 수가 없었다.

이제 좀 살 만하구나 생각하던 찰나 예상치 못한 둘째가 찾아왔다. 분명 축복이고 기뻐해야 하는데 기분이 이상했다. 첫째 임신 때와는 다르게 두려운 생각이 더 많이 들었다.

'이제 엄마라는 삶에 조금 익숙해지고 막 좋아지기 시작했는데.'

첫째 때와는 다르게 입덧도 심했다. 첫째아이 기저귀 갈아주다가도 화장실행, 음식하면서도 화장실행, 신랑이 냉장고 문을 열기만해도 구역질이 났다. 고깃집 간판만 봐도 속이 울렁거렸다. 마치 일 년에 한번 있을까 말까 한 과음 다음날 같았다. 고된 숙취에 시달리는 날이 끝나지 않고 매일 이어지는 느낌이었다. 숙취보다 힘든 입덧이 빨리 끝나기만을 바랐다.

말도 못하고 기저귀도 떼지 못한 첫째아이가 21개월이었던 어느날 둘째를 낳았다. 어린 첫째가 마음에 걸려 조리원에 가지 못했다. 첫째 때와는 다르게 몸을 회복하는 시기도 느리게 느껴졌다. 하필이면 그 해에 신랑도 직장일로 출장이 잦았다. 일 년의 절반 이상을 떨어져 있었다. 첫째 때도 신랑의 출장이 잦았지만 둘을 독박육아를 한다는 것은 두 배가 아닌 스무 배가 힘들게 느껴졌다.

그날도 신랑은 출장 중이었고, 하루하루를 버티던 날이었다. 그 시절의 하루는 지내는 것이 아니라 꾸역꾸역 버텨내는 것이었다.

첫째를 포대기로 업고 둘째를 아기 띠로 안은 채 왔다 갔다 하며 재우고 있었다. 저녁도 먹는 둥 마는 둥 설거지도 못한 한 채로 아이들이 어서 잠들기만을 바랐다. 둘 다 잠이 들고 나면 먼저 둘째를 조심히 눕히고 첫째를 살짝 눕히는데 둘째가 자지러지게 울었다. 그 바람에 첫째도 놀라 잠에 깨서 울었다. 한 시간 반을 둘을 업고 안고 재웠는데 물거품이 되는 순간이었다.

다시 원상복귀. 어제와 같은 상황이다. 그저께도 저번 주도 같은 상황이다. 그렇게 두 시간 넘게 아이들을 업고 안고 왔다 갔다 하다가 거울 속에 내가 아닌 나와 마주쳤다. 그 속엔 난생 처음 보는 낯선 사람이 있었다. 며칠 동안 감지도 못한 떡진 머리에, 도대체 크림을 언제 바른 건지 푸석하고 표정도 없는 얼굴에, 눈곱이 낀 채로 다크서클은 턱까지 내려와 있는 초점 없는 눈동자, 걸치고 있는 옷은 둘째아이가 토한 자국으로 얼룩지고 몸에는 비릿한 젖 냄새까지. 새로운 생명체가 허물을 벗고 나간 껍데기 같았다. 지저분하고 영양가 다 빠져 볼품없는 껍데기.

풋풋한 아르바이트생으로 꿈 많던 학생도, 여행을 하며 새로운 문화를 보며 호기심에 찼던 청춘도, 열정적으로 일하며 보람을 느끼던 열혈 직장인도 그 어떠했던 예전의 내 모습도 찾아볼 수 없었다.

지나간 일들은 마치 흘러가버린 꿈같고 지금 닥친 현실은 끝이 보이지 않는 어두운 터널처럼 느껴졌다. 아이를 낳을 때 아이만 내 속에서 빠져 나오는 것이 아니었다. 나의 경력, 열정, 꿈들도 함께 밖으로 모조리 빠져 나간 듯했다.

얼굴에 뭔가 뜨거운 게 주르륵 흘렀다. 우는지 자각을 하지도 못했다. 피부에 뭔가 따뜻한 물기가 느껴져서야 내가 우는 거구나 생각하고 깨달았다. 사람 만나는 것을 좋아했던 내가 사람 만나러 나가기를 꺼려했던 게 몸이 피곤해서인 줄 알았다. 잘 웃고 잘 울던 내가 표정이 없어진 줄 몰랐다.

긍정적이고 활기찼던 내가 무엇을 하고 싶은지, 지금 내 꿈이 뭔지 몰랐다. 나는 그 어디에도 없었다. 누군가를 책임져야 할 엄마

일 뿐이었다.

　누구나 겪는 일이라고.
　다 지나간다고.
　지금이 제일 행복할 때라고.
　나중에 아이들이 크면 지금이 그리워질 거라고.
　엄마는 무엇이든 이겨낼 수 있다고.
　누군가의 무책임한 말들에 나는 아무 대답도 할 수 없었다.

나를 찾고 싶어

　가만히 있다가 나도 모르게 눈물이 흘렀다. 아이를 업고 아무 생각 없이 설거지를 할 때도 아이를 재울 때도 시도 때도 없이 눈에서 무언가가 뚝뚝 떨어졌다.
　남편이 일하러 가는 모습이 부러웠다. 남편이 나가고 문이 끝까지 닫히는 모습을 보고 나면 주저앉아 울기도 했다. 창문 밖으로 예쁘게 화장하고 구두를 신고 나가는 사람만 봐도 눈물이 흘렀다. 그렇다고 슬프거나 마음이 아프다는 게 느껴지진 않았다. 내가 우울하다고 생각하지도 않았다. 누구나 바라는 단란한 가정에서 평범한 두 아이의 엄마로 사는 삶을 감히 우울하다고 말할 엄두를 내지 못했다.

　아기 물건을 사러 나갔다가 우연히 함께 일했던 선생님을 만났다. 누구와도 마주치질 않길 바랐는데. 특히나 예전 동료들과는 더더욱 그랬다.

"어머, 팀장님인 줄 몰랐어요. 전 다른 사람인가 긴가민가했어요. 팀장님 인상이 많이 바뀌신 거 같아요. 육아가 많이 힘들긴 하죠? 그래도 팀장님은 잘 하실 거예요. 다음달 회식 때는 팀장님도 꼭 오세요. 팀장님을 궁금해 하는 사람이 많아요."

"아…네…고마워요. 그때 갈 수 있으면 갈게요."

당연히 가기 싫었다. 갈 수도 없었다. 집으로 돌아와 거울을 보았다. 내가 봐도 다른 사람이었다.

그날 이후 며칠 동안 아이들에게 짜증을 많이 냈다. 자는 아이를 보면서 후회의 눈물을 흘리면서 다음날이면 또 반복되었다.

내가 점점 더 싫어졌다. 지인이 육아 우울증 전문 한의원에 가보자고 했다. 나는 우울하지 않다고 괜찮다고 했다. 고민 끝에 병원에 갔다. 의사와 상담을 하는데 오열을 했다.

"본인이 우울하다고 느끼지 못 하는 게 우울증이에요. 젊었을 때 일을 좋아하고 열심히 한 사람일수록 육아 우울증에 빠지는 경우가 많아요. 저번 주에 환자와 똑같은 증상의 여성분이 왔었어요. 약을 지어놓고 가서 가지고 갈 않아서 전화를 하니 그 사이 삶을 포기하셨더라고요. 본인의 감정을 인지하셔야 해요."

놀랐다. 두 아이를 키우는 일이 힘든 게 당연하다고 생각했지 육아 우울증이라고는 생각하지 못했었다.

'내가 우울증이라니 말도 안 돼. 긍정하면 나였는데. 내가 우울증이라니.'

다른 사람들도 꿋꿋이 잘 해내는데 내가 약해서 못해낸다고 인정하는 게 싫었다.

예전의 나로 돌아가고 싶었다. 긍정적이고 활달했던 내 모습이 그리웠다. 자신감 있고 열정적인 내 모습을 찾고 싶었다. 자꾸만 예전의 내 모습만 떠올랐다. 20대 중반으로 돌아가 생활하는 내 모습도 꿈에 자주 나왔다. 꿈에서 깨면 만나는 현실이 꿈이었으면 했다. 그 무렵 TV에서 장나라 주연의 〈고백부부〉라는 드라마가 방영 중이었다. 내 이야기와 너무나 똑같아 신기했다. 주인공들은 대학시절에 만나 사랑을 키우고 꿈꾸는 결혼을 하고 아이도 낳았다. 하지만 전쟁 같은 육아를 하면서 여자는 사라지고 아내로 그리고 엄마로 살게 되면서 과거를 후회하고 되돌리고 싶어 한다. 어찌나 내 마음과 같은지 마치 작가가 내 마음을 훔쳐보고 있는 것 같았다. 드라마 제목의 〈GO BACK〉처럼 과거로 돌아가는데 결국은 아이를 그리워하고 놓치고 있던 소중함을 알게 된다는 내용이었다.

드라마를 볼 때마다 울고 또 울었다. 신기하게 그렇게 울고 나면 조금은 속이 시원해지는 것 같았다. 마지막 회가 끝나고 이제껏 생각해보기 싫었던, 애써 무심했던 지금의 내 모습을 생각해보았다. 그동안 나를 돌보지 않았다. 나를 사랑하지 않았다. 사회의 분위기와 기대에 따라 여자의 의무와 책임만 강요된 삶을 산 것에 대한 불만만 가득했다. 나는 왜 그토록 과거로 돌아가고 싶었을까? 그건 나아감이 아닌 현실도피였다.

과거엔 적어도 나 자신을 좋아했다. 밝고 당찬 내가 좋았다. 지금의 내 모습이 초라하고 낯설었던 만큼이나 그 시절이 그리웠다. 드라마처럼 과거로 돌아갈 수는 없다. 그때의 나는 그 시절 속에 살게 내버려두고 지금의 나를 돌봐야 했다. 나를 찾아야 했다. 나를 아껴주어야 했다. 예전의 내가 아닌 새로운 나를 사랑해주어야 했다. 깊고 긴 칠흑 같은 어두운 웅덩이 끝을 한번 '쿵' 치고 나온 느낌이 들었다.

생각 없이 살던 삶에 새로운 갈망이 싹트기 시작했다. 생각이 바뀐다고 해서 현실이 바뀌진 않았다. 여전히 화장실에서 볼일도 제대로 못보고 두 아이를 안고 변기 위에 앉아 있을 때면 힘들고 지쳤다. 하지만 분명 바뀐 건 있었다.

아이에 대한 나의 초심을 떠올리기 시작했다. 첫째를 낳던 날 뱃속에서 나와 울음을 터트릴 때 내 목소리를 듣고 신기하게 울음을 멈추던 날이 생생하게 떠올랐다. 감격과 환희의 눈물을 흘리며 했던 약속들도 함께 생각났다.

"내 아기로 건강하게 와줘서 너무 고마워. 이 세상에서 너만은 꼭 지켜줄게. 아주 많이 사랑할게."

둘째를 낳던 날 의사선생님도 놀랄 만큼의 우렁찬 목소리로 나에게 온 아이를 처음 만났을 때도 울며 다짐했었다.

"아가야, 너를 뱃속에 가졌을 때 맘껏 기뻐하지 못해 정말 미안해. 엄마가 더 사랑할게. 더 아껴줄게. 못난 엄마에게 와줘서 고마워."

엄마로서의 초심을 까마득히 잊고 있었다. 아이와 생애 처음 한 약속들을 저버리고 있었다.

아이들이 눈에 보이기 시작했다. 내가 바라보는 시선이 아닌 아이들이 나를 바라보는 따뜻한 시선이 느껴졌다. 어쩌면 아이들은 내가 사랑하는 것보다 나를 더 사랑하는 해 주는 게 아닐까라는 생각이 들었다. 자신을 사랑하지 않는 엄마를 사랑해주는 아이들에게 미안했다.

나를 찾아야 했다.

아이들에게 당당한 나를.

내가 사랑하는 나를.

세상에서 가장 소중한 건 나

둘째아이 어린이집 문제로 고민을 많이 했다. 첫째는 둘째가 만삭일 때부터 오전에 잠깐씩 어린이집을 다니기 시작했다. 이제 둘째까지 어린이집에 보내려고 하니 어리기도 했지만 일을 하지도 않으면서 아이를 맡긴다는 게 무책임하게 느껴졌다. 뭔가 모를 죄책감도 들었다. 하지만 이런 엄마의 모습이 아이들에게 도움이 될 것 같지 않았다.

둘째를 어린이집에 맡기기로 결정하고 죄책감을 덜기 위해서라도 무언가를 해야 했다. 나를 찾아야 했다. 아이들을 맡기고 다시 일을 해볼까도 생각했었다. 하지만 아무리 생각해도 무리였다. 나를 찾으려다가 더 힘들어질 수도 있겠다는 생각이 들었다. 회사에서는 예전의 내 모습을 기대할 것이고 나는 기대에 부응할 시간도 여유도 없었기 때문이다.

막상 아이를 보내고 나니 무엇을 해야 할지 몰랐다. 먼저 몇 년 만에 미용실에 갔다. 머리를 짧게 자르고 나니 기분이 좀 가벼워지는 것 같았다. 하지만 산뜻한 기분은 그리 오래가지 않았다. 엄마들을 만나 의미 없는 수다도 떨면서 나 자신을 위로하는 척했다. 집에 돌아오면 허무하긴 마찬가지였다.

쇼핑을 하러 가기도 했다. 아기 띠를 안 하고 홀가분하게 하는 쇼핑도 좋긴 했지만 한편으로는 마음이 편하지 않았다.

집에서도 육아가 힘든 날에는 뭐라도 사야지 마음이 풀리는 느낌이 들었다. 물티슈를 하나 사는 데도 30분을 넘게 검색하고 고르고 기저귀 하나 사면서 혼수를 장만하는 거 마냥 고민을 했다. 또 아이들 개월 수에 맞는 장난감은 뭐가 있는지 리뷰는 어떠한지 밤이 새도록 보고 또 봤다. 하지만 마음의 보상을 위해 하는 쇼핑은 그때뿐이었고 채워지지 않는 공허함은 사라지지 않았다. 나를 찾고자 했지만 아이들이 없을 때도 아이들에게서 묶여 있는 느낌이었다. 큰맘 먹고 아이들을 어린이집에 보내고 중요하지 않은 일에 신경을 쓰고 시간을 낭비하는 모습이 답답하게 느껴지기 시작했다. 아이들에게도 미안한 마음도 들었다.

방법을 바꿔야 했다. 하지만 무엇을 해야 할지 어떻게 나를 변화해야 할지 갈피를 잡지 못했다. 청소를 하다 책장에 여성 리더십 관련 책들이 눈에 띄었다. 팀장을 처음 맡고 답답한 마음에 샀던 책들이었다.

'그래, 예전에 막막했을 때도 책으로 위로를 얻고 방법을 찾았었지. 책은 나를 뭔가 채워줄 수 있을 거야.'

아이들을 어린이집에 보내고 동네 도서관에 갔다. 학생 때 이후

거의 20년 만에 가는 도서관은 다른 세상 같아 보였다. 도서관 카드를 만들고 책을 빌렸다. 집에 돌아와 보니 모조리 육아관련 책만 있었다. 하나씩 읽어나가기 시작했다. 처음 얼마동안은 책을 보면서 배우는 게 많았다. 육아서에 나오는 내용처럼 아이들에게 해보기도 하고 계획을 짜기도 했다. 이성적으로는 벌써 좋은 엄마가 된 것 같았다.

문제는 현실에서 육아서 대로 하지 못했을 때 밀려오는 죄책감들이었다.

'역시 난 좋은 엄마가 아닌가봐. 아… 이럴땐 이렇게 하라고 했었는데….'

점점 더 스트레스 지수가 올라가기 시작했다. 난 왜 이렇게 못하지. 계획대로 해내지 못할 때면 자신에 대해 화가 치밀기도 했다. 그리고는 또 후회하고. 다잡고 후회하고를 반복하다 지치기 시작했다.

책이 위로는커녕 나를 더 힘들게 한다는 생각이 들었다. 육아서를 끊기로 마음먹었다. 물론 육아서가 문제가 아니었다. 문제는 나였다. 바닥에 떨어진 자존감으로 무엇을 보든 진심으로 이해하기도 힘들었던 것이다. 육아서도 마음의 여유가 있을 때 읽고 내 현실에 맞게 적용해야 하는 것임을 알지 못했다. 마음의 여유가 없었기에 받아들일 준비가 되어 있지 않았던 것이다.

나를 위한 책을 찾기로 했다. 더 이상 책으로 스트레스 받기 싫었다. 유희만을 위한 책을 고르기로 마음먹고 에세이나 소설책을 읽기 시작했다. 소설책 혹은 에세이 속에 나오는 인물들의 캐릭터와 상황에 공감되면서 위로를 받기도 힘을 얻기도 했다. 점점 책 속으로 빠지기 시작했다. 내가 좋아하지만 육아로 하지 못했던 다양한 경험들을 책으로 대신하기도 했다. 공감으로 시작해 통쾌함을 느끼고 현재의 나와 연결해서 깨달음을 느끼게 되었다. 아이들을 대할 때도 여유가 생기기 시작했음을 느꼈다. 아이들이 어린이집에 갔을 때뿐 아니라 재우고 나서도 밤새 책을 읽기도 했다.

마음속에 아침 햇살 같은 빛이 점점 들어오고 있었다. 딱딱하고 차가웠던 마음이 점점 말랑해지고 따뜻해지고 있음을 느꼈다. 가슴속에서 다양한 감정의 꽃들이 다시 살아나는 것이 보였다. 책을 읽으면서 생각이 투영되고 내 모습을 상상해가면서 내 안의 내가 보이기 시작한 것이다.

어떠한 상황에도 내 자리의 역할만 있을 뿐 나의 본질은 존재하지 않았다. 엄마로서 아내로서의 인정은 있지만 자신으로부터의 인정은 없었다. 다른 이의 인정이 없다고 나 또한 자신을 인정하고 품어주지 않았다. 역할이 나를 가두어 둔 것이 아니라 내가 나를 가두어둔 것이다.

멀리서 나를 찾고 있었다. 내 안의 나는 무시한 채 지나간 과거의 모습만 좇고 있었다. 엄마보다 나를, 아내보다 나를 사랑하고 존중해야 했다. 누군가에게 인정을 구걸하지 않고 스스로 돌보고 아껴야 했다.

세상에서 가장 소중한 사람은 나임을. 내가 가장 돌봐야 하는 사람도 내가 되어야 했다. 내가 있어야 아이가 있고 가정이 있는 것임을 책을 읽으면서 깨닫게 되었다.

완벽한 엄마 말고
편안한 엄마

    사람은 완벽할 수 없지만 나는 완벽하고 싶었다. 완벽한 엄마, 완벽한 아내, 완벽한 며느리, 완벽한 딸이 되고 싶었다. 세상 어느 곳에도 이런 사람은 존재하지 않는다. 그리고 가장 중요한 하나인 이 모든 완벽한 역할 속에 나 자신을 위한 것은 어디에도 없었다. 내 자존감을 높이는 일에는 열중하지 못했다. 단지 겉으로 보이는 역할에만 신경을 쓰고 잘 보이려 했다.

    일의 성과나 열정으로 인정을 못 받으니 지금 할 수 있는 역할을 대신해 인정받으려는 욕구가 컸다. 아이들을 양육함에 있어서도 인정을 받으려는 강박이 있었다. 인정받는 아이들로 잘 기르는 것이 내가 보상받는 일이라 생각했다.

    일은 노력한 만큼의 성과를 낼 확률이 크지만 육아는 절대 그렇지 않았다. 아이의 기질이나 상황에 맞지 않는 내 방식대로 혹은 날마다 바뀌는 기분대로 하는 육아는 무척이나 위험한 것이었다. 큰 착각 속에서 허상을 쫓으며 허우적거리고 있었던 것이다.

다시 육아서를 읽기 시작했다. 책을 읽는 동안은 집안일도 현실도 잠시나마 전원을 끌 수 있었다. 확실히 예전에 읽을 때와는 다른 느낌이었다. 마음의 여유가 없을 때 읽었던 육아서들은 해야 하는 공부고 숙제라고 생각했다. 못하면 자책하고 또 다시 나를 밑으로 끌어내리고 있었다.

마음의 여유가 조금씩 생기기 시작하자 책을 보는 눈과 마음도 달라지기 시작했다. 작가가 왜 그렇게 이야기하는지 진정한 교육의 본질이 뭔지 부모가 가지는 교육의 가치관이 얼마나 중요한 것인지 고민하기 시작했다.

책을 읽는 동안 몇 번이고 가슴이 쿵 내려앉는 느낌을 받았다. 인정받기 위한 엄마가 되는 일이 아이들에게 그리고 나에게 얼마나 위험한 것인지 깨달았다.

아이들을 어린이집에 보내고 여유가 조금 생기는 듯했다. 특히 아이들의 등원 후 마시는 믹스커피는 최고의 바리스타가 내려주는 맛보다 달콤했다. 하지만 그 여유도 잠시 집안을 둘러보면 해야 할 일들에 다시 마음이 답답해져 왔다. 그렇다고 아이들이 없는 오전에 청소를 열심히 하진 않았다. 나만의 소중한 시간에 집안일 따위를 하고 싶지 않았다. 오후에 아이들과 함께 있을 때 그렇게 집안일을 하곤 했다. 아이들이 놀자고 하면 "엄마 빨래해야 해. 청소해야 해. 나중에, 나중에"하는 말을 반복하기 일쑤였다.

어쩌다 아이들과 놀아주고 있을 때도 아이에게 집중하기 보단 흐트러진 집안의 물건에 더 눈길이 갔다.

우선적으로 집안일부터 내려놓기로 했다. 아이들이 놀 때 설거지를 좀 미뤄도 큰일 나는 일은 없었다. 오히려 아이들의 눈을 한번이라도 더 마주치고 이야기를 들어줄 수 있었다. 빨래가 좀 밀려서 입었던 옷 하루 더 입는다고 별일이 나진 않았다. 오히려 새로 빤 옷보다 더 맘이 편해 아이들이 음식물 좀 흘려도 웃을 수 있는 여유가 생겨났다.

아이들이 놀 때 장난감이 흩어져 있어도 위험하지만 않다면 문제가 될 것 없었다. 오히려 아이들이 더 오래 더 편안한 마음으로 맘껏 놀 수 있었다.

막상 내려놓으니 마음이 편해지는 일들을 그동안 나는 왜 붙잡고 아이들도 나도 힘들게 했을까?

하기는 싫지만 해야 하는 일을 잘해내려고 했기 때문은 아니었을까?

집안일은 안 하면 심하게 돋보이지만 해도 표시도 안 나는 반복적인 일을 나는 좋아하지 않았다. 그래도 잘해야 된다는 강박이 나는 물론 아이들도 묶어두고 있었던 것이다.

집안일을 내려놓으니 아이들을 대함에도 여유가 생겼다.

바닥에 좀 흘리면 어때? 장난감 좀 어지러우면 어때? 옷을 좀 버리면 어때?라고 생각하니 아이들에게 대하는 나의 감정이 달라지기 시작했다. 감정이 달라지니 말투가 바뀌고 말투가 바뀌니 웃는 일이 많아지기 시작했다. 나에게 여유가 생기기 시작하니 아이와 함께 웃는 시간들이 소중하게 느껴졌다.

아이들이 바라는 엄마 역시도 집안을 깨끗하게 하고 깔끔한 옷을 입혀주는 엄마가 아니라 한번이라도 눈을 더 마주치고 이야기를 들어주는 엄마임을 깨달았다. 아이들은 완벽한 엄마가 아닌 편안한 엄마를 원했던 것이었다.

내 실수를 나의 모자람을 인정해나가기로 마음먹었다.

그러다보니 아이들의 실수도 여유 있게 받아들이는 여유가 생겼고 나를 더 좋은 사람으로 생각하게 되었다.

편안한 엄마가 완벽한 엄마보다 훨씬 더 가치 있다는 것을 알기 시작했다.

Chapter 2

진짜 나를
알려준
그림책을
만나다

엄마 또 울어?

부쩍 아이들이 책을 많이 가져와서 읽어 달라고 한다. 전엔 아이들이 책을 읽어 달라고 하면 "조금만 있다가 읽어줄게. 엄마 설거지 다하고 읽어줄게. 나중에 자기 전에 읽어줄게." 하다 보니 책을 가져오는 횟수가 줄어들었다.

집안일에 어느 정도 손을 놓자 아이들은 책을 더 많이 가지고 오기 시작했다. 아이들에게 책을 읽어주는 것도 하나의 일이라고 생각했다. 귀찮을 때도 있었고 같은 책을 계속 가지고 오면 지겹기도 했다. 하지만 여유가 생기기 시작하자 책을 읽어주는 시간을 즐기게 되었다. 전과 달리 천천히, 감정을 넣어서 읽어주니 아이들도 책 읽기에 빠져 즐기고 있었다.

출산 전 일을 할 때에는 수업 전 그림책을 몇 십 번이고 보고 나서 아이들에게 읽어주었다. 그러다 보니 그림책에 대한 애착이 생기고 아이들에게 읽어줄 때도 내가 느낀 만큼이나 여러 감정을 살려 읽어주려 노력했다. 하지만 막상 우리 아이들에게는 그러지 못했다. 내가 지쳐 있다 보니 그림책을 읽을 때도 해야 하는 일로 치부해버렸다. 막상 내 아이들에게는 그림책을 즐기게 하지 못한 거 같아 미안한 마음이 들었다.

그림책을 좋아하지 않는 아이는 없다. 누가 읽어주고 어떻게 읽어주느냐에 따라 아이들이 그림책에 생기는 애착과 깊이가 달라지는 것이다. 내가 푹 빠져서 읽는 책은 아이들도 함께 빠져 읽었고 내가 건성으로 읽은 책은 다시 잘 가지고 오지 않았다.

일할 때 그림책이 좋아서 영어 그림책을 200권 이상 모았다. 당시 화장품이나 액세서리를 모으는 것보다 그림책 모으는 게 더 재미있었다. 책이 쌓일 때마다 뿌듯해지고 애착이 갔다. 방 한구석 책장에 고이 간직했던 영어 그림책들을 꺼내야겠다고 마음먹었다. 어질러지고 혹시나 아이들이 책을 망가지게 할까봐 하는 어리석은 걱정 때문에 책상 속에만 보관해 두었었다.

눈에 띄는 책들은 내가 보고 싶어 다른 책들과 침대 옆에 두었다. 다른 책들과 달리 그림책은 잠깐씩 꺼내보기 좋았고 옛날 수업했던 생각도 나면서 잠시나마 그때로 돌아간 것 같은 기분이 들 때도 있었다.

어떤 책들은 그때 읽었던 느낌과는 전혀 다른 책들도 있었다.

어느 날 딸아이가 방에 들어오더니 "엄마 또 울고 있어요?" 하고 물어보았다. 그날도 손에 잡히는 그림책을 방에서 혼자 보고 있었다. 그림책과 책들을 보면서 다시 감성이 살아남을 느끼고 있을 무렵이었다. 혼자서 보는 그림책을 아이에게 들키고 말았다. 그것도 우는 모습으로.

딸아이는 "난 그 책 안 슬프던데…." 하고는 엄마는 또 시작이라는 눈빛을 주고는 방을 나갔다.

보고 있던 책은 로버트 먼치(Robert Munsch) 작가의 《Love you forever》 책이었다. 책을 읽는 도중에도 계속 눈물이 흐르면서 엄마가 되기 전에는 느끼지 못한 벅찬 감정들이 올라왔다.

"I'll love you forever,(너를 사랑해)
I'll like you for always,(언제까지나 너를 사랑해)
As long as I'm living (내가 살아 있는 한)
my baby you'll be"(너는 늘 나의 아기야)

책은 아기를 포근히 안은 채 부드럽게 자장가를 불러주는 그림으

로 시작된다. 자장가는 매 페이지마다 반복되는데 아이는 점점 자라 말썽꾸러기 행동을 하고 사춘기가 되어 이상한 옷을 입기도 하고 엄마의 속을 썩이기도 한다. 아이는 성인이 되고 엄마를 떠난다. 엄마는 세월이 지나 할머니가 되고 아이는 한 아이의 아빠가 된다. 할머니가 된 엄마는 아이에게 전화를 걸어 자신을 보러오라고 말한다. 엄마에게 간 아들은 이제는 본인보다 몸집이 작은 엄마를 안고 엄마가 불러주었던 자장가를 부르기 시작한다.

뜨거운 눈물이 철철 흘렀다. 뜨거운 감정이 복받쳐 올라왔다. 아이를 낳기 전 수업을 위해 책을 몇 번 보았지만 이렇게 뜨거운 감정은 느끼질 못했었다.

내가 엄마가 되고, 감정의 소용돌이 속에서 밑바닥을 한번 치고 올라오니 그림책을 보는 나의 깊이가 달라졌음을 느꼈다. 그림책에 대한 또 다른 묘미를 느꼈다. 아이들 영어교육을 위한 수단으로서의 그림책이 아닌 그림책 그대로의 가치를 지닌 작품으로 빛나 보이기 시작했다.

수업을 위해서가 아닌 오롯이 책에 대한 호기심으로 작가와 책에 대해 찾아보았다.

이 책에서 나오는 노래는 작가인 로버트가 세상의 빛을 보기도 전에 하늘로 가버린 두 아이를 생각하며 만든 가사라고 한다. 오랫동안 작가의 머릿속에 있었지만 차마 노래를 부를 수 없었다고 한다.

노래를 부르기도 전에 떠나간 아이들 생각에 눈물이 먼저 나려 했기 때문이다. 이 이야기를 듣자마자 내 머릿속에 노랫말이 생각나면서 다시 눈물이 흘렀다.

훗날 이 노래가 책으로 만들어졌는데 이 책이 바로 《Love you forever》이다. 작가의 스토리를 알고 나서 다시 천천히 읽어보았다. 책의 내용과 노랫말이 내 가슴속으로 더욱더 깊이 새겨지는 듯 했다.

이 책은 그림책이지만 당시 양로원에서 더 잘 팔렸다고 한다. 이에 작가 로버트는 "어른들이 어른들을 위해서 이 책을 보는 것 같다"고 말했다. 당시 할아버지 할머니들은 아마 내가 책을 읽고 가졌던 느낌과 비슷하지 않을까. 어쩌면 나보다 더 깊은 무언가를 느끼고 공감하지 않았을까 하는 생각이 들었다. 진정 어른을 위한 그림책이 아닐까. 비하인드 스토리를 알고 다시 보게 된 이 책은 할머니가 되고 나서 한 번 더 꺼내 보고 싶은 책 중 하나가 되었다.

이제껏 그림책을 아이들의 전유물로만 생각했던 내 생각에도 조금씩 변화가 왔다. 아이들이 그림책을 보았을 때 느끼는 감정과 어른이 되고 나서 보았을 때 느끼는 감정은 분명 달랐다. 더욱 깊이 있게 느껴졌으며 여운도 오래가는 것들이 많았다. 좋은 그림책은 아이였을 때 보아도 재미있지만, 부모가 되고 나서 봐도 흥미를 느끼며 내 아이를 이해할 수 있는 통로가 되면서 어른만의 깊은 감성을 느낄 수 있는 책이 아닐까.

나는 오늘도 그림책을 보며 웃고 운다.

아이들을 위해서가 아닌 나를 위해서 그리고 살아나는 나의 감정들을 위해서.

더 깊게, 더 오래, 더 많이

오롯이 나를 위한 그림책을 찾아보았다. 아이를 위한, 영어의 교육을 위한 그림책이 아닌 나만을 위한 그림책을 찾아보았다. 어른들의 감성을 두드리는 책은 생각보다 많았다.

개인적으로 앤서니 브라운(Anthony Browne) 작가의 작품을 좋아하는데 이 작가의 작품 덕분에 그림책을 보는 방법에 많은 변화가 생기기도 했다.

작가의 작품 중 내가 가장 좋아하는 책은 《돼지책(PIGGYBOOK)》이다. 여러 훌륭한 작품이 많지만 이 책을 읽고 그림책이 치유의 힘을 가지고 있다는 것을 처음으로 느꼈다.

우리나라에서 가장 유명한 그림책 작가이기도 한 앤서니 브라운(Anthony Browne)은 실제로 여러 번 방한했을 정도로 우리나라에 대한 애정이 남다르다. 아이들뿐만 아니라 우리나라 엄마들에게도 가장 보고 싶은 세계 그림책 작가로 뽑히기도 한다.

앤서니 브라운 작가의 그림책을 보면서 그림책은 그냥 스윽 훑고 가는 게 아니란 걸 깨달았다. 앤서니 브라운 작가의 책에서는 특히나 숨은그림찾기 스타일이 많이 있다. 한두 번 보고는 찾기 힘든 부분들이 숨어져 있다. 숨은그림찾기를 하는 재미가 쏠쏠하다. 더군다나 각각의 의미를 가진 숨은 그림이기에 여운은 더 오래간다.

그림책 《돼지책(PIGGYBOOK)》의 표지를 보면 엄마 혼자서 아빠와 아이들을 업고 있는 그림이 나온다. 아이들과 아빠의 표정은 밝지만 엄마의 표정은 알 수 없다. 그림을 먼저 보고 나는 책의 제목을 'PIGGYBACK'(어부바)로 잘못 읽었다. 어부바가 영어로 'Piggyback'이다. 엄마 혼자 가족들을 업고 있으니 당연 힘들겠지 하며 제목을 추측했던 것이다.

그러나 자세히 보니 'back'가 아니라 'book'이었다. 작은 발견이지만 '우아~' 하는 감탄이 나오면서 작가의 위트가 돋보였다.

《돼지책》은 다른 그림책에서는 좀처럼 볼 수 없었던 가족 간의 불평등을 이야기한다. 집안의 살림을 도맡아 하면서 일까지 하는 엄마는 어느 날 쪽지를 하나 남기고 집을 나가버린다. 쪽지에는 "너희들은 돼지야(You are pigs.)"라고 적혀 있다. 그때부터 아이들과 아빠는 돼지의 모습으로 변한다. 엄마의 부재를 실감하고 집안일에 지쳐 있을 때쯤 엄마는 집으로 돌아온다. 엄마가 돌아온 뒤 아이들과 아빠는 전과는 다른 태도로 엄마를 돕고 돼지로 변했던 모습도 다시 예전으로 돌아온다. 어쩌면 무거울 수도 있는 주제를 작가는 그림책으로 재미있고 센스 있게 풀어 나갔다.

아이들은 그림책을 보면 그림을 중점에 두고 보지만 어른들은 글에 중점을 두고 보는 경향이 많다.

나 역시나 글에 신경 쓰고 보다보니 그림을 놓치는 경우가 많았다. 하지만 보면 볼수록 새로운 것들이 눈에 띄는 게 바로 그림책의 묘미가 아닐까. 특히나 앤서니 브라운 작가의 책을 접하고 나서는 반드시 여러 번 보고 천천히 봐야겠다는 생각을 하게 되었다.

앤서니 브라운 작가의 작품에는 유달리 그림에서의 복선과 숨은 그림찾기 그리고 바뀌는 모양과 같이 그림만으로도 감상할 수 있는 다양한 요소들이 많다.

《돼지책(PIGGYBOOK)》에서도 집안의 벽지가 꽃무늬에서 돼지무늬로 바뀌고 집안의 물건들도 돼지를 상징하는 모양들로 바뀌는 것은 책을 여러 번 보고 나서였다. 전에는 보지 못했던 다른 그림들과 숨은 그림들을 찾아낼 때마다 희열을 느꼈다. 학창시절 공부하다 몰래 숨은그림찾기 게임할 때 정답을 찾는 통쾌한 기분이랄까.

특히나 마지막에 제일 재미있었던 부분은《돼지책(PIGGYBOOK)》

을 10번을 넘게 보고 나서였다.

  책의 마지막페이지에서 돌아온 엄마는 밝은 표정으로 차를 수리하는 그림으로 마무리가 된다.

  이때 차량번호를 보면 "SGIP 321"이라고 적혀져 있다.

  왜 이렇게 적혀 있을까? 하고 보고 있다가 문득 철자가 눈에 익다는 생각이 들어 거꾸로 읽어보니 바로 '123 PIGS'(돼지123)였다. 이걸 발견했을 때 어찌나 기뻤던지. 그림책을 읽고 마치 게임에 성공한 마냥 신났다. 작가의 숨겨놓은 보물을 찾아낸 성취감이 느껴졌다.

  '왜 이렇게 썼을까'라는 의문이 들었다. 아마도 '123 PIGS'(돼지123)는 아빠와 아이들이 엄마의 부재를 느끼고 변했지만 언제 다시 돼지로 돌아갈지도 모른다는 뜻은 아니었을까?

  그림책 한권으로 성취의 기쁨을 느끼기도 하고 '엄마로서의 힘든 삶은 다른 나라도 비슷비슷 하구나' 하는 공감을 느끼면서 위로를 받기도 했다. 한 권의 그림책으로 마음 한구석이 시원해지는 것을 느꼈다.

  그림책 한 권을 더 깊이 더 오래 보면서 내 마음속 어두웠던 감정들이 조금씩 밝아지고 있었다. 아이를 위해 몇 번 읽어주고 넘겼더라면 못 느꼈을 소중한 나만의 감정들이었다.

  좋은 그림책은 보면 볼수록 새로운 것들이 눈에 보인다. 새로운 것들이 눈에 띄면서 그 의미를 생각하고 알아가는 과정이 소설책에 집중해서 실마리가 풀려가는 과정만큼이나 흥미롭다.

한두 번 스윽 훑어서는 볼 수 없는 것들이 많다. 그림책은 여러 번 그리고 오래 두고 음미하는 작품이다.

천천히 음미할수록 다양한 감정 선물하는 훌륭한 작품이다. 오래 보아야 보이고 자세히 보아야 느끼는 감정들이 있다. 맘속 깊이 와 닿고 위로를 얻는 순간 그림책의 매력에 다시 빠지기 시작했다.

혼자 몰래 보는 그림책

보고 싶은 영어 그림책을 하나 꺼내 첫 장을 펼친다. 첫째가 달려와 "엄마~나도 읽어주세요." 하고 외친다. 둘째는 기회다 싶어 다른 책들을 가져와 "나는 이거 읽어줘~." 하고 말한다. 또 내 시간이 빼앗겼다는 생각이 든다. 분명 잘 놀고 있는 것 같아 잠시 책을 펼쳤는데 그새를 노리고 끼어들다니. 처음에는 그림책을 아이와 함께 보는 것도 괜찮겠다고 생각했다. 하지만 시간이 지날수록 내가 읽고 싶은 책은 뒤로 밀려났다. 내가 그림책에 푹 빠져 읽는 도중에도 아이들의 부름에 흐름이 끊기니 집중이 흐트러지기도 했다. 온전히 즐기지 못하니 그림책의 매력도 점점 희미해져 가는 것 같았다.

아이들이 좋아하는 스타일과 내가 좋아하는 그림책도 달랐다. 내가 보고 싶은 그림책을 보자고 하면 아이들은 "그거 말고 이거!" 하고 다른 책을 가지고 오기 일쑤였다. 그래서 마음먹었다. 혼자 몰래 보기로. 아이들과 읽을 때는 아이들을 위해서! 내 시간에는 오롯이 나를 위해서! 각각 집중하는 시간을 달리하기로 결심을 했다.

아이들이 그림책을 좋아하고 즐기는 만큼 나 또한 그림책을 혼자서 만끽하고 싶었다. 아이와 함께 읽을 때와는 달리 나만을 위해 읽는 그림책은 다른 책들과는 다른 특별한 감정들을 선사했다. 혼자 읽는 그림책은 생각보다 좋은 점들이 많았다. 그림책을 읽는 시간은 나만의 힐링 시간이 되어갔다.

아침에 아이들을 보내고 주어지는 황금같이 소중한 시간에는 할 일이 정말 많다. 영어 공부를 좀 해볼까 하다가도 시간이 부족하면 포기하고 말았다. 책을 좀 읽어 볼까 하면 다른 할 일들이 눈에 띄었다. 마음에 부담을 가지고 해야 하는 일은 시작도 전에 포기하기 일쑤였다.

하지만 그림책은 다른 일을 하다가도 짬짬이 시간을 내어 볼 수 있어 좋았다. 많은 시간이 들지 않는 일이라 시작하는 데 부담이 없었다. 부담이 없이 시작하기에 좋고 좋아하는 일이니 독서를 습관화하기엔 그림책이 최고의 수단이라는 생각이 들었다. 금쪽같은 시간을 조금만 할애를 해도 알찬 시간을 보낼 수 있었다.

그림책을 볼 때 감동을 받아 감정이 솟구치다가도 "엄마~!" 하고 부르는 소리에 바로 현실로 돌아와 머금었던 눈물을 삼키고 아이들의 뒤치다꺼리를 해야 했다. 하지만 혼자 그림책을 볼 때면 빠져들어 읽고 싶은 만큼 읽고, 색다른 감정을 느낄 수 있었다. 그 여유 있는 시간들이 좋았다. 몇 줄 안 되는 영어 문장일지라도 영어를 읽었다는 성취감과 새로운 단어의 의미를 알아가는 것도 뿌듯했다.

작가나 스토리 배경에 대한 궁금증이 생길 때면 누구의 방해도 받지 않고 해결할 수 있었다. 때로는 유튜브로 작가의 스토리텔링을 직접 듣거나 노래를 듣기도 했다. 스스로 읽는 그림책보다 작가 혹은 다른 이가 읽어주는 그림책도 색다른 매력이 있었다. 아무것도 방해받지 않고 감정을 느끼고 생각하는 여유로운 시간이 좋았다.

또한 아이들의 시선으로 읽는 것이 아닌 엄마이고 여자인, 나만의 관점으로 볼 수 있어 좋았다. 아이와 그림책을 읽다보면 아이의 입장에서 질문을 하거나 아이의 관점에서 이야기를 나누는 경우가 많다. 그러다 보면 나의 감정이나 의견을 배제해야 한다.

내가 읽는 책이지만 내가 아닌 내 아이가 투영되어 그림책을 읽고 있다는 느낌이 들었다. 그래서 아이와 함께 읽은 그림책보다 혼자 읽은 그림책에 더욱 애착이 가고 남다르게 느껴졌다. 같은 책을 보더라도 내 입장에서 푹 빠져 보는 책은 완전히 다른 맛이었다.

마지막으로 혼자만의 시간을 뜻 깊게 보낸다는 작은 성취감이 있다. 그림책이지만 영어로 된 책을 한 권이라도 보고 음미한 날은 무언가를 했다는 뿌듯함이 있다. 대개 아이들을 보내고 나서 집안일을 하고 텔레비전 좀 볼까 하면 시간은 쏜살같이 지나가 있다. 눈앞에 아이들의 하원 시간이 보일 때면 가슴에서 목젖까지 답답해지는 기분이 들기도 했다.

'오늘 하루 뭐 했나' 싶기도 하고 나만의 시간을 허무하게 보낸 것 같아 속상했다. 괜히 기운이 빠지고 아이들에게 부쩍 짜증을 내

기도 했다. 스스로에게 답답하고 속상한 감정을 아이들에게 나타내
곤 하는 것이었다.
 그림책을 읽거나 책을 조금이라도 읽은 날에는 그렇지 않은 날과 분명히 달랐다. 뭔가 생산적인 일을 한 것 같아 기분이 좋고 뿌듯하기까지 했다. 보람찬 마음으로 아이들을 다시 만날 때면 나도 모르게 여유 있는 엄마가 되어 있었다.
 그림책이라는 문을 통해 상쾌하고 따뜻한 바람이 들어오면서 마음에 여유가 생기기 시작했다. 여유가 있을 때와 없을 때의 육아의 질은 하늘과 땅 차이었다. 뿌듯한 맘으로 아이들을 대한 날 밤은 '역시 난 좋은 엄마의 자질이 많은 사람이야. 잘하고 있어' 하며 스스로에게 격려하고 칭찬했다. 그럴 때면 지하에 있었던 자존감이 지상으로 끝도 없이 뚫고 올라오는 것 같았다.

 책을 보는 시간들 덕분에 나와 내 삶의 질이 서서히 변화되었다. 예전의 나를 돌아보면 아이들이 있을 때도 혼자 있을 때도 어느 하나에 몰입하지 못했다. 아이가 있을 땐 집안일이나 다른 생각에 아이들에게 집중하지 않았다. 막상 혼자 있어도 아이의 그늘에서 벗어나질 못했다. 늘 결심만 있을 뿐 행동으로 옮기지 못하는 나를 보면 초조해하고 불안해했다. 상황에 따라 중요한 일에 집중하고 행동하는 습관은 그림책을 읽으면서 바뀌기 시작했다.
 아이들과 함께 그림책 읽기는 아이에게 최선을 다하고, 나를 위한 그림책 읽기는 나에게 최선을 다하기로 마음을 먹으니 각각의 시간

에 더욱 몰입할 수 있어 좋았다. 짧게는 3분에서 길게는 20분 정도의 나만의 힐링 시간을 통해 나를 다독여주고 있었다.

차갑고 얼어있던 마음에 스스로에게 긍정적인 온기를 불어넣어 주고 있었다.

그림책으로 시작된 독서습관

"원래 그렇게 책을 좋아했어요?"

주위에서 지인들이 물어보곤 한다.

"아니요. 사실 학창시절엔 책에 그다지 관심이 없었어요. 책이란 공부를 위한 도구로만 생각했거든요.

그림책에 빠져 읽다보니 책을 보는 습관이 생겼어요. 저도 모르게 책을 계속 읽고 있네요."

독서를 습관화하고 싶다는 사람들이 많다. 시간이 없고 책만 보면 잠이 온다는 여러 핑계들로 미루게 되는 게 다반사이다. 나도 그랬기에 충분히 이해가 간다. 하고자 하면 방법을 찾지만 하기 싫으면 핑계를 찾는다고 한다. 이런 분들에게 적극 추천하고 싶다. 그림책으로 독서습관을 시작해 보는 것. 무엇보다 쉽고 재미있으며 짧은 시간에 할 수 있으니 독서습관을 시작하기엔 최고의 조건이 아닐까.

간혹 그림책이 무슨 독서냐며 그림책을 과소평가하기도 한다. 아이들이 읽는 책이고 그 짧은 책을 보고 무엇이 남느냐며 의심하기도 한다. 다시 되묻고 싶다. 과연 그림책을 한번이라도 제대로 느끼고 푹 빠져서 음미해본 적이 있는지?

제대로 느껴보지도 않고 아이들의 전유물로 취급해버리기엔 그림책의 가치가 너무나 크다. 나는 독서목록에 그림책을 넣는다.

요즘엔 책 관련 어플이 많아 책을 읽고 나면 도서목록을 저장하고 코멘트를 남길 수 있는 곳도 많다. 처음엔 아이들을 위해 시작했지만 지금은 내가 더 잘 사용하고 있다. 조금씩이지만 권수가 쌓이고 100권, 500권, 1,000권이 되면 그렇게 뿌듯할 수가 없다. 계속 습관화를 하게 하는 원동력이 되기도 한다.

영어 그림책이든 번역본이든 우리나라 그림책이든 상관없다. 세상에는 좋은 그림책이 너무나 많다. 소설, 에세이, 자기계발서, 육아서도 훌륭하지만 그보다 더 감동을 주고 마음을 울리는 그림책들도 있다.

어떠한 책보다 큰 치유의 힘을 가진 것도 바로 그림책이라고 생각한다. 무엇인가를 습관화한다는 건 생각보다 어려운 일이다.

특히나 나쁜 습관은 당장의 욕구해결과 만족감을 가져다주기도 하지만 좋은 습관은 성과가 멀리 있기에 꾸준히 실천하기에 어려움이 많다. 예전부터 끈기가 부족했던 나는 항상 시도는 많이 하지만 끝을 맺는 일이 잘 없었다. 나의 약점을 너무나도 잘 알았기에 생각을 바꾸기로 마음먹었다.

'작심삼일을 일 년에 100번 하기!'

3일 하고 실패해도 또 시작하고, 지속을 못할지라도 나에겐 아직

99번의 기회가 남아있다고 생각하면 마음도 편하다. 스트레스는 물론 부담이 적으니 실패해서 좌절하는 마음보다 다시 도전한다는 긍정의 마음이 내 속에 자리 잡는 것이 좋았다.

그림책 독서습관도 마찬가지였다. 오늘 못 읽었다고 해서 낙담하지 않고 내일 읽으면 되지 하는 마음을 먹으니 그림책 독서습관이 부담이 아닌 즐거운 생활로 자리 잡고 있었다. 더군다나 긴 시간동안 집중해서 봐야 하는 소설책이나 읽는 내내 다짐하며 봐야 하는 자기계발서, 뉘우치고 깨달으면서 봐야 하는 육아서와는 달리 쉽고 재미있고 예쁘기까지 한 그림책이었기에 독서를 습관화하는 일이 쉽게 느껴졌다.

처음 독서를 시작하고 싶은데 무슨 책을 읽어야 할지 고민하는 사람이 많다. 베스트셀러에서 스테디셀러를 읽는 순으로 보라고도 하고 읽기 쉬운 에세이나 소설책으로 시작하라는 경우도 있다. 책의 가치는 뭐니 뭐니 해도 고전이니 고전을 읽으라고 하는 이들도 있다. 물론 나름의 의미가 있다고 생각한다.

독서를 시작하는 데 무엇보다도 중요한 것은 책 읽는 자체를 즐기게 만드는 것이라 생각한다. 좋아하는 일에는 열정이 생기고 열정이 생기면 습관이 되는 건 너무나 쉬운 일이기 때문이다.

지인 중 한 명이 독서를 하고 싶다고 해서 책을 추천해 달라기에 바로 사지 말고 우선 아이들이 읽는 책을 같이 한번 읽어 보라고 했다. 혼자만의 시간에 깊이 있게 천천히. 그리고 그림책 하브루타의 방법과 슬로 리딩에 대해서도 조금 알려주었다.

얼마 후 다시 연락이 왔다.

"요즘에 네 덕분에 책 읽는 시간이 너무 즐거워. 내가 책을 좋아하게 될 줄은 정말 몰랐어. 아이들 책이 이렇게 의미가 깊고 재미있고 배울 게 많다는 걸 이제야 알았어. 이제 두꺼운 소설책도 읽기 시작하는데 부담이 적어졌어. 요즘 우리 딸도 새삼스레 책에 빠져서 도서관에 가자고 난리야."

하며 고마워했다.

그림책의 가치를 알아주니 내가 더 고맙고 뿌듯했다. 엄마가 그림책의 가치를 몸소 느끼니 아이들도 더 깊게 빠져서 느낄 수 있었던 것이다.

마음을 먹고 벼르다 책을 사서 시작하면 실패할 확률이 크다. 더군다나 실패를 맛보면 다시 시도하기에 많은 시간과 더 큰 결심이 필요하다. 나 또한 독서를 습관화하고 싶어 큰맘 먹고 책을 몇 권 구입했지만 얼마 안 가서 인테리어를 위한 도구가 되기도 했다. 책 읽는 시간을 견뎌내야 하고 읽어내야 한다고 부담스럽게 생각할수록 시작이 미뤄지고 오래 가기 힘들다.

바로 시작하여 읽기에 부담 없는 책, 좋아하는 분야의 책으로 시작하는 것이다. 마음먹었을 때 책이 딱 준비되어 있으면 좋지만 그렇지 못한 경우가 대부분이다. 그러다 '도서관에 가서 빌려야지' 하고는 시간이 지나고, 전에 장바구니에 담아 놓은 책들을 맘먹고 사러 들어가면 기간이 지나 장바구니에서 사라진 지 오래다. 그러다 점점 독서와는 멀어지고 포기하기도 한다.

아이를 키우는 엄마들 주위엔 아이들을 위한 좋은 그림책들이 많다. 집안을 둘러보아도 책이 없어서 못 읽는 것이 아니라 그림책에 대해 가치 있게 생각해보지 않아 모르고 지나쳤던 것이다. 당장 옆에 있는 재미있을 법한 그림책부터 시작해보는 것은 어떨까.

그림책 읽기는 쉽게, 바로 당장 시작할 수 있다. 그림책 읽기가 습관화되다 보면 책을 보는 일이 쉽고 재미있게 느껴진다. 자연히 다른 책을 볼 때도 큰마음먹고 보는 게 아니라 편안한 마음으로 시작할 수 있는 마음가짐이 생긴다.

육아서 말고 그림책

세상에는 훌륭한 육아서가 수도 없이 많다. 나 역시 육아서로 도움을 많이 받고 나만의 교육관을 다지기는 계기가 되기도 했다. 하지만 육아서를 애써 말리고 싶은 시기가 있다. 육아 우울증으로 힘들거나 엄마의 부재가 많아 바쁘고 마음의 여유가 없을 때이다. 이 시기에 읽는 육아서는 오히려 아이나 엄마에게 독이 될 수도 있다는 것을 경험을 통해 알았다.

육아 우울증으로 한창 어두운 시간을 지나고 있을 때였다. 엄마로서 아이를 위해 무엇을 하고 있는 건지 도대체 어느 길로 가야 행복해질 수 있을지 지푸라기라도 잡는 심정으로 육아서에 매달렸다.

막상 책을 읽을 때는 '아, 내가 미처 몰랐네… 내가 틀렸었구나. 맞아 엄마인 내가 더 노력해야 해야지' 하고 뉘우치고 다짐했다.

하지만 뒤돌아서면 컨디션과 마음의 상태에 따라 결과는 달라졌다. 그러면 다시 후회하고 자책하길 반복했다. 오히려 몰랐더라면 덜 받았을 스트레스일 수도 있겠다는 생각이 들었다. 모르고 죄를 짓는 것과 알면서 죄를 짓는 건 너무나 큰 차이였다. 후폭풍으로 오는 후회와 자책들이 나를 더 힘들게 했다. 벗어나고 싶고 가벼워지고 싶어 잡은 동아줄이 쇠줄로 변해 나를 더 챙챙 감는 듯했다.

세상에 완벽히 같은 기질의 아이는 없다. 내 아이의 기질이 육아서에 나오는 케이스처럼 맞아 떨어지지 않는다. 더군다나 나의 마음을 제대로 보살피지도 않으면서 아이를 객관적 파악하고 이해하기란 어렵다.

아이에 대해 제대로 판단도 못하는 상황에서 육아서를 보는 건 자칫 아이를 맞지 않는 틀에 끼워 맞추려 하는 위험한 시도일 수 있다. 내 마음의 갈피도 못 잡고 울렁거리는 상황에서 육아서의 맹목적인 주입은 오히려 나와 아이를 힘들게 하는 것이었다. 짐을 덜려다 마음속에 더 큰 짐을 올려놓은 느낌이었다.

엄마의 삶이 지치고 힘들 때는 육아서보단 여자인 나를 위한 책을 읽어야 한다. 마음을 녹여주고 위로해주는 책이 좋다. 쉽게 공감을 얻을 수 있는 에세이나 소설책이 나에겐 더 큰 위로와 힘이 되었다. 물론 그림책도 빠질 수 없다.

육아서에 등장하는 단골문구인 아이의 입장을 이해하고 그들의 눈으로 바라보라는 진리는 전적으로 동의한다. 하지만 마음의 여유가 없을 때의 진리는 현실에서 엄마의 지혜로 이어지기 쉽지 않았다.

머리로는 이해가 되었지만 실천하지 못하는 불안감으로 마음이 옥죄였다.

'난 역시 좋은 엄마가 되긴 멀었나봐. 난 할 수 없나 봐.'

이런 부정적인 생각에 사로잡히기도 했다. 아이를 먼저 위하고 아이의 마음을 알려고 노력하기 전에 내 마음부터 보살피고 다독여야 했다.

'엄마가 행복하지 않은데 행복한 아이가 세상에 있을까?'

나를 위한 책도 좋았지만 그림책을 보면서 마음의 위로뿐 아니라 깨달음이 있었다. 머리가 아닌 마음으로 아이 입장에서 자연스럽게 생각하게 되었다는 것이다. 그림책을 보다보면

'아~ 나도 이랬었지. 나도 어렸을 때 이런 엉뚱한 생각과 행동을 하곤 했었지.'

하고 나의 유년 시절을 회상하기도 했다. 그 과정에서 잊고 있었던 동심이 살아나기도 했다. 다시 살아난 동심의 눈으로 아이들을 보다보면 애써 노력하지 않아도 아이의 마음이 조금씩 이해가 되기 시작했다.

마음의 여유가 생기고 나를 온전히 채울 수 있을 때 육아서를 봐도 늦지 않다. 나도 그림책으로 마음의 치유와 변화의 과정을 거치고 나서 육아서를 다시 보기 시작했다. 전에 내가 이 책을 읽은 것이 맞나 라는 생각이 들 정도로 이해하고 느끼는 점에서 큰 차이가 났다.

엄마의 여유가 없을 때 읽는 육아서는 절대 내 것이 되지 않는다. 육아서에 나오는 주옥같은 충고와 조언들이 나에게 스며들지 않는

다. 엄마와 나 자신으로서의 자존감이 단단해졌을 때 비로소 육아서의 진가를 알 수 있을 것이다.

  엄마가 힘이 들 때는 오로지 나를 위한 책을 보면 좋다. 내 감정에 집중하여 느끼고 사색하는 시간을 가지길 권한다.
  쉽고 당장 시작할 수 있는 그림책을 통해 차가운 마음을 따뜻하고, 딱딱해진 감정들을 말랑하게 해줄 수 있다. 마음의 온기가 차고 스스로의 가치를 느끼기기 시작할 때 비로소 나도 보인다. 그 누구도 어두운 동굴에 갇힌 나를 밖으로 끌고 나오지 못한다. 오직 한 사람. 스스로 느끼며 깨닫고 치유를 통해서 어두운 굴 속에서 조금씩 빠져나올 수 있다. 후에 내 아이도 가정도 있는 것이다.
  여전히 나는 마음이 복잡하거나 답답하면 에세이나 소설책을 읽는다. 늘 옆에 있는 그림책은 마음이 아플 때, 지칠 때, 기쁠 때 언제나 보아도 좋다. 그림책은 내게 있어 제일 약발이 잘 받는 최고의 처방전이기 때문이다.

내가 책을 읽는 이유와 자유

내 성격은 좋게 말하면 즉흥적이며 감성적인 편이고 안 좋게 말하면 감정의 기복이 큰 편이다. 한마디로 다혈질인 면이 좀 있다. 혼자일 때 이 성격은 좋은 점이 많았다. 갑자기 바다가 보고 싶으면 바다를 보러 가기도 하고, 먹고 싶은 게 있으면 찾아가서 먹기도 하며 행복감을 느꼈다. 순간순간 원하는 것을 행동에 옮기니 삶의 만족도도 높은 편이였다.

하지만 결혼을 하고 엄마가 되고 나니 안 좋은 점이 더 많게 느껴졌다. 즉흥적인 성격이 나를 더 가둔다는 느낌이 들었다. 갑자기 가고 싶은 곳, 먹고 싶은 것이 있어도 참아야 했다. 자유를 박탈당한 것만 같은 허탈감에 불행하게 느껴지기도 했다.

나의 감성적인 성격도 마찬가지였다. 감성적인 성격 덕분에 공감 능력도 뛰어난 편이라 사람들과 이야기하고 관계 맺길 좋아했다. 하지만 출산 후 육아와 살림을 하며 느끼는 힘든 감정들을 오롯이 혼자 이겨내려니 더욱 어두운 굴로 빠져 드는 것 같았다.

주부의 일이 다른 노동에 비해 힘든 이유는 동료가 없어서이기도 하다는 생각이 들었다. 단순노동이라도 동료와 함께 대화하고 공감하면서 하는 일과 혼자 고립되어 같은 일을 반복하는 것이 훨씬 외롭고 힘들게 느껴질 수도 있겠다는 생각도 했었다.

나는 여전히 즉흥적인 편이며 감성적이다. 그래서 책을 읽는 날과 읽지 않은 날의 기분과 아이들을 대하는 태도까지 상당히 차이가 난다. 가끔씩 몸이 안 좋거나 여러 이유로 며칠 동안 책을 보지 못한 날에는 가족들에게 날카로워지는 나를 발견하기도 한다. 여전히 흔들릴 때도 있고 지치거나 도망치고 싶을 때도 있다. 어두운 동굴 속에서 나왔다고는 하지만 항상 밝을 수만은 없는 게 인생이다.

'내가 지금 잘하고 있는 걸까? 내 미래는 어떻게 될까?' 하는 끊임없는 고민과 걱정에 놓여 있다. 하지만 예전과 분명 다른 하나가 있다.

나에겐 책이라는 무기가 있다는 것이다. 나에게 맞는 좋은 책은 마음의 감동과 변화를 준다. 그 변화들이 마음을 풍요롭고 여유롭게 만든다. 하지만 내 경우엔 유효기간이 그리 길지 않다. 며칠 책을 보지 않은 날엔 다시 좋지 않은 기운이 스멀스멀 올라오는 것을 느낄 수 있다. 그럴 때면 아플 때 약 처방을 받는 것처럼 스스로에게 책 처방을 내린다.

물론 책을 들었다고 해서 책에 오로지 집중할 수 있는 상황이 많지는 않다. 그럴 때면 오히려 더 스트레스를 받는 날도 있다. 그래서 나는 나만의 책 읽는 자유를 정했다.

내가 책을 읽을 때 갖는 그 몇 가지 자유들로 책을 더욱 쉽게 가까이 할 수 있었다.

첫 번째는 내가 읽고 싶은 부분만 읽는 것이다.

전에는 '처음부터 끝까지 다 읽어야 이 책을 봤다고 할 수 있지'라는 생각이 컸다.

하지만 책의 모든 내용이 기억에 다 남는 것도 아니다. 또한 내가 필요하다고 느껴야 내 것이 되는데 책의 모든 부분이 그렇진 않다. 특히나 중요한 점은 주로 본론에 나오는 경우가 많다. 대부분 책의 초반에는 작가가 말하고자 하는 것이 왜 중요한지 무엇 때문에 주장하는지에 대한 배경들이 나와 있다. 처음에 집중해서 읽다가 끝까지 보지 못했을 경우 좋은지는 알겠는데 '어떻게' '왜'에서 끝나버리는 경우가 많다. 짬짬이 가지는 소중한 시간에 책을 읽었음에도 뭔가 결과가 없는 찝찝한 기분까지 들기도 한다. 그래서 시간의 여유가 많지 않을 때는 책의 보고 싶은 부분부터 본다.

소설책은 처음부터 봐야 문맥의 의미를 알 수 있지만 대부분의 에세이나 육아서 그리고 자기 계발서들은 필요한 부분부터 찾아보기도 한다. 그러면 급 처방을 그때그때 받을 수도 있고 다른 일을 하다가도 잠깐 짬을 내어 부담 갖지 않고 독서를 시작할 수도 있다.

두 번째, 내가 책을 읽을 때 갖는 자유는
여러 가지 책을 한꺼번에 읽는 것이다.

많은 책을 읽는다는 의미가 결코 아니다. 우리 집에서 내가 책을 보는 곳은 따로 정해져 있지 않다. 내 책들은 집안의 곳곳에 흩어져 있다. 식탁에 한 권, 소파에 한 권, 자는 곳에 한 권, 아이 방에 한 권, 그리고 항상 들고 다니는 가방 속에 한 권 이렇게 있다. 아이들이 책과 친해지게 만드는 방법 중 하나가 책을 여기저기 아이 눈에 보이는 곳에 두는 것이다. 그 방법을 나에게도 적용시켰다. 효과는 기대 이상이었다.

부엌에서도 밥을 앉혀놓고 반찬을 만들다가 잠깐의 여유가 생길 때면 옆에 있는 책을 집어들었다.

자기 전에도 아이들과 책을 보고 나면 침대 옆에 두었던 내 책을 읽기도 했다. 아이 방에서 아이와 놀 때도 아이가 혼자서 무언가에 집중할 때면 나도 책에 집중하기도 했다. 외출할 때는 기다려야 하거나 잠깐의 시간이 날 때 읽기 좋은 시집이나 에세이를 가방에 넣고 다녔다.

가장 신경 써서 책을 두는 곳은 바로 소파 옆이었다. 소파 옆에는 특히나 내가 좋아하는 책 위주로 두었다. 소파에 앉으면 TV가 보이고 TV를 보면 리모컨을 찾게 된다. 그럼 자연스레 TV를 켜고 보고 있으면 시간은 쏜살같이 지나가버린다. 그만 봐야지 하면서 끌 기회를 놓쳐버리고 결국에는 마음에 허무함만 남을 때가 종종 있다.

그래서 소파 옆에는 큰 유혹을 이기기 위해 재미있는 책, 꼭 읽어야 할 책을 두곤 했다.

이 책 봤다가 저 책 봤다가 하면 헷갈리지 않을까라는 걱정을 하기도 했다. 하지만 잠깐씩 가지는 독서는 오히려 집중이 되어 더 오래 기억이 남을 때도 있었다.

한 권을 끝내지 못하면 다른 책들은 시도조차 하지 않으니 읽을 책이 쌓이고 부담스럽고 멀어지기도 했다. 읽고 있는 책을 끝까지 읽어야 한다는 강박을 버렸다. 하지만 생각을 바꾸니 쉬워졌.

그날의 기분과 날씨 그리고 장소에 따라 읽고 싶은 책을 골라 읽었다. 또한 그림책은 2~3분이라는 짧은 시간에도 읽을 수 있어 여기저기 책을 두고 볼 수 있어 좋았다. '책을 읽어야지'라는 다짐을 백 번 하는 것보다 책이 내 옆에 있을 때 손이 가고 책을 더 가까이 할 수 있다는 것을 알게 되었다. 결심하고 의지를 다지는 시간보다 책을 집안 곳곳에 놔두는 것이 더욱 효과적이었다.

**내가 책을 읽을 때 갖는 자유 중 마지막은
재미없는 책은 언제든 덮을 자유와 좋아하는 책은
몇 번이고 반복해서 읽을 자유이다.**

아무리 베스트셀러라고 해도 나에게는 와 닿지 않는 책들이 있다. 예전엔 어쨌든 시작한 책을 꾸역꾸역 끝까지 보려고 노력했다.

그러다 보니 책을 보는 매력이 점점 줄어드는 것 같았다. 지금은 어느 정도 읽다가 내 스타일이 아니라고 생각이 들면 바로 덮고 다른 책을 잡는다.

책은 나를 위해 읽는 것이다. 음식에도 입맛이 각자 다르듯 책도 마찬가지이다. 사람들이 많이 읽는 유명한 책이라고 해서 꼭 나에게도 맞는 법은 없다. 나에게 필요한 책은 있지만 힘들어도 꼭 봐야 할 책도 없다고 생각한다.

요즘 책을 보면서 가장 매력적인 점은 봤던 책을 또 보는 것이다. 봤던 책을 또 볼 시간에 다른 책을 하나라도 더 읽고 도서목록에 올리고 싶은 욕심도 있었다.

하지만 책이라는 게 볼 때마다 다르게 느껴지는 아주 큰 매력이 있다. 특히나 내가 좋아하는 책들은 보면 볼수록 색다른 맛을 선사하는 책들이다. 반복해서 본다는 것은 절대 낭비가 아니다. 그야말로 슬로리딩이며 더 깊이 있게 느끼는 과정이다. 작가가 수년에 걸쳐 흘린 피, 땀 눈물이 담긴 값진 보석들을 내 것으로 만들 수 있는 가장 좋은 방법이기도 하다.

아이들도 본인이 좋아하는 책은 몇 번이고 반복적으로 가지고 오는 경우가 많다. 그때 부모들은 다른 책도 보면서 책의 반경이 넓혀지길 바란다. 세상에 대해 넓게 많이 아는 것도 좋지만 하나를 알아도 깊이 있게 알고 내 것으로 다지는 과정 또한 값진 과정이 아닐까라는 생각이 든다.

우리 어른들도 마찬가지이다. 책을 한번 읽고 다 안다고 생각할 수도 있지만 좋은 책은 볼 때마다 새로운 것이 보이고 느끼는 감정이 더욱 다양해진다. 좋아하는 책을 반복해서 볼 때마다 다르게 전해지는 감흥들이 내가 책을 읽을 때 느끼는 큰 행복이기도 하다. 특히나 그림책은 읽을 때마다 달라지는 요소들이 정말 많다. 볼 때마다 매력적인 그림책 덕분에 반복 책읽기에도 매력을 느끼게 되었다.

Chapter 3

영어 그림책, 하브루타가 말을 걸다

하브루타가 뭐길래

 책을 읽다보면 책이 꼬리에 꼬리를 무는 경우가 있다. 나에겐 하브루타가 바로 그랬다. 처음엔 현 시대를 이끌어간다고 해도 과언이 아닌 유대인들의 자녀교육이 관심이 갔다. 비극적인 역사를 뒤로하고 성공한 그들의 교육방법에 호기심이 생겼다. 심지어 우리나라 인구의 3분의 1 밖에 되지 않는 유대인들이 어떻게 노벨상을 30%나 차지하는지, 다방면에서 세계를 이끌고 있는지 그 비결이 궁금했다.
 유대인의 교육에 관한 책에 빠지지 않고 등장하는 것이 바로 하브루타였다.
 하브루타가 뭐길래 어려운 환경 속에서도 유대인들이 이렇게 성장하고 이 세상의 선두에 서 있을까?
 처음에 하브루타를 접했을 때, 마치 자녀교육의 최고의 비법을 안 마냥 신나서 두근거렸다. '그래! 책을 읽다보니 어느 누구도 말하지 않는 최고의 교육비법을 알게 되는구나~!' 하며 마냥 들떠 있었다. 신이 나서 도서관에 가서 관련서적을 모조리 빌리고 책을 사기도 했다.

하지만 눈부시게 환했던 기대와 달리 알면 알수록 모호해지는 느낌이 들었다. 하브루타의 역사와 배경은 어느 정도 이해가 되었다. 하지만 문제는 도대체 내 아이에게 어떻게 적용할 수 있는지는 여전이 안개 속에 갇힌 느낌이었다. 보고도 못 먹는 그림의 떡을 보는 것 같은 기분이 들었다.

하브루타는 친구라는 뜻을 가진 히브리어인 '하베르'에서 유래되었다. 짝을 지어 질문하고 대화하고 토론하는 것이 하브루타의 정의이다. 사실 하브루타는 유대인들의 일상생활 속에 자리 잡고 있는 하나의 문화이다.

'다른 나라의 문화를 어떻게 내가 내 아이와 우리의 생활 속으로 끌어들일 수 있을까?' 하는 가장 큰 궁금증은 어떤 책을 봐도 쉽게 풀리지 않았다.

질문과 대화가 중요하다는 것은 다른 육아서에도 빠지지 않고 등장하는 공통핵심 요소이다. 아이의 말에 경청을 하고 아이에게 답을 말하기 전에 질문을 하고 아이의 입에서 대답이 나오게 하며 대화를 통해 문제를 해결하라고 한다. 말의 뜻은 이해는 하겠는데, 나에겐 도대체 '어떻게!'가 중요했다.

유대인들이 문화로 자리 잡은 것처럼 우리나라만의 방식으로, 우리 가정의 방식으로 어떻게 적용할 수 있을지는 내 마음속에 항상 의문으로 자리 잡고 있었다.

영어를 책으로만 배우면 써먹기 어렵다. 하브루타도 마찬가지일 수 있겠다는 생각이 들었다.

하브루타를 직접 배워봐야겠다고 결심했다. 몸소 경험하고 느끼고 실천하고 싶었다. 강의를 알아보고 바로 수강등록을 했다. 하브루타 첫 강의 듣는 날을 생각하면 아직도 설레는 마음이 생생하다. 마치 첫사랑을 만나러 가는 것마냥 심장이 두근거리고 들떴다. 하브루타에 대한 호기심을 채우는 것도 좋았지만 하고 싶은 공부를 나를 위해 한다는 것이 설레게 만들었다. 그렇게 시작된 하브루타 공부는 나를 하브루타 지도자, 슬로우리딩 지도자 그리고 전국토론대회 심판자 과정까지 이끌고 왔다. 시작과 동시에 푹 빠져서 내 것으로 만들고 싶었다. 알면 알수록 더 깊이 알고 싶었다.

유대인들의 교육법을 마냥 따라 하는 것이 아닌 우리나라만의 하브루타, 나만의 하브루타로 활용하고 싶었다. 하브루타의 본질과 내면을 깊이 알면 알수록 더욱 매력을 느꼈다.

하브루타는 아이의 교육뿐 아니라 가정의 화목, 나아가 사회를 더 밝게 만드는 매개체가 될 수도 있겠다는 생각이 들었다. 또한 하브루타는 생경한 것이 아닌 우리가 이미 해왔던 훌륭한 교육방법 중 하나였을지도 모른다라는 생각이 들었다. 하브루타의 적용 분야도 다양했다. 경제 하브루타, 음악 하브루타, 미술 하브루타, 그림책 하브루타, 역사 하브루타 등등…. 그중 내 마음속에 쏙 들어온 건 바로 '그림책 하브루타'였다.

'영어 그림책 하브루타!'

'내가 사랑하는 그림책으로 하브루타를 한다면 얼마나 재미있을까?'

'특히나 수년 동안 수업을 한 영어 그림책으로 아이들과 나아가 성인들과 영어 그림책 하브루타를 한다면?'

이런 생각들이 번쩍 들었다. 처음 이 생각을 한 날은 다시 무언가 시작할 수도 있겠다는 기대감으로 잠 못 이루었다. 영어 그림책 수업경력이 점점 지워지고 쓸모 없어지고 있다고 생각했었다. 하지만 영어 그림책 하브루타를 마음먹고는 다시 마음속에 열정의 씨가 뿌려졌다. 마음속에 새로운 열정의 싹이 트고 꽃을 피울 생각에 가슴이 뜨거워졌다.

나를 알고 아이를 알기

배웠던 것을 내 것으로 만들기 위해 아이와 하브루타를 실천해보기로 했다. 하브루타를 습관화하기 위해서 일상생활에서부터 하브루타를 시작하기로 했다.

아이들에게 평소와 다르게 질문하기 시작했다. '네' '아니요'로만 대답할 수 있는 닫힌 질문이 아닌 정답이 정해지지 않은 열린 질문으로 고심 끝에 좋은 질문을 몇 개 추려 준비했다. 기대에 부풀어 아이들에게 어떤 창의적인 대답이 나올까 혼자 상상의 나래를 펼치며 입꼬리가 올라갔다.

나의 해맑았던 상상과는 다르게 아이들은 대답을 거부했다. 기대감이 컸던 만큼 실망스러웠다.

'엄마가 잘 들어줄 준비가 되었는데 왜 대답을 안 하지?'

답답했다. 무엇이 문제인지 갈피를 잡을 수 없었다. 배웠던 대로만 하면 될 것 같았는데 현실은 예상과 전혀 달랐다. 평소와 다른 엄마의 질문이긴 했지만 아직 상상력이 풍부한 아이들이 왜 대답을 안

하는지 이해할 수 없었다.

얼마 뒤 아이의 갑작스런 물음으로 긴 대화를 이끌어 갈 수 없는 이유를 알 수 있었다.

그 날도 희망에 찬 눈빛으로 꿈에 관한 열린 질문을 시작했다. 그러자 아이는 '엄마 또 시작이네'라는 눈빛으로 나에게 되물었다.

"엄마가 원하는 답이 뭐예요? 내가 뭐라고 말하면 좋겠어요?"

"헉… 뭐?"

순간 희망에 차서 빵빵하게 부풀어 올랐던 마음이 날카로운 것에 찔려 쪼그라드는 것 같았다. 되돌아 가만히 생각해보니 하브루타를 알기 전 내 질문에 문제가 있었다.

아이들에게 질문을 할 때 내 머릿속엔 이미 원하는 대답이 있었다. 정해놓은 정답을 말하지 않으면 다시 물어보고 바로 고치려 했다. 아이의 생각을 물은 것이 아니라 내가 원하는 답을 듣길 바랐던 것이다. 아이는 엄마의 눈치를 보고 원하는 대답을 하는 것이 편하다고 적응을 했던 것이다. 엄마가 원하는 답이 뭔지 알 수 없는 질문은 아이들에게도 곤혹이었던 것이다.

아이들이 어릴 적 질문이 한창 쏟아질 때였다. 여유가 없다는 핑계로 아이들의 질문을 허락하지 않은 시간이 많았다. 아이들이 세상을 유일하게 배우는 방법이 질문을 통해서일 때 나는 알려주지 못했다. 서서히 아이의 질문이 줄었고 호기심이 가득 찼던 소중한 시기를 나는 헛되이 쓴 적이 많았다. 마음 아프게 후회가 되고 되돌리고 싶었다. 하지만 지금이라도 늦지 않았다는 생각에 다시 힘을 내기로 했다.

아이들에게 처음부터 다가가 보기로 마음을 먹고 지금부터라도 조금씩 바뀔 수 있다는 희망을 가졌다. 언젠가는 아이들의 생각과 마음을 표현할 것이라는 기대를 하고 질문하는 것을 포기하지 않았다.

아이가 기분이 좋아 보여 아이에게 이때다 싶어 질문을 던졌다.
"너는 지금 행복하게 살고 있는 거 같아?"
 질문을 하고 나서 이어질 다음 질문도 물론 미리 준비해두었다.
'아~너는 이럴 때 행복하구나. 그럼 네가 커서도 이런 일을 한다면 어떨까?' 등등.

아이가 드디어 대답하기 시작했다.
"엄마, 엄마부터 이야기해 봐요."
또 한번 머리가 띵해졌다.

사실 이제껏 준비한 질문들을 나 자신에게 물어본 적이 없었다. 그럴 시도나 생각조차 하지 않았다.

그저 아이들에게만 적용시키고 바꿔나갈 생각에 혼자 들떠 있었다.

'이제껏 아이에게 던진 질문에 관해 대답하라면 과연 내 생각과 마음을 표현할 수 있고 정의 내릴 수 있을까?'

선뜻 다른 생각이 나질 않았다. 모르는 시험지를 받아들고 시작도 못한 채 붙들고 있는 느낌이었다.

자신과의 하브루타가 먼저였다. 아이에게 적용시키기 전에 나부터 시작하고 행했어야 했다. 육아 우울증을 거쳐 오면서 내가 있어야 아이와 가정도 있다는 것을 뼈저리게 깨달았다고 생각했다. 하지만 깨달음만 있었을 뿐 실천하지 못했던 것이다. 나와의 하브루타를 시작하기로 했다. 아이를 먼저 변화시킬 것이 아니라 나부터 변화하기 위해 노력하기로 결심했다.

'나 자신에게 묻고 답하기.'
'내 깊은 곳을 더욱 자세히 들여다보기.'
'나를 알고 나를 표현하기.'

나만의 사색시간이 필요했다. 그리고 나 자신에게 질문하기 시작했다.

'내가 하브루타를 하는 이유는?'
'내가 생각하는 가장 큰 가치는?'
'내가 생각하는 나는 어떤 사람인가?'
'내가 바라는 나는 어떤 나일까?'
'내가 바라는 삶은 어떤 삶일까?'
'나에게 사랑, 죽음, 행복이란 무엇일까?'

질문에 관한 대답들이 처음부터 쉽게 나오지 않았다. 하지만 질문을 음미하며 생각해 나가는 과정에서 빈껍데기 같았던 마음 한구석이 서서히 채워지는 느낌이 들었다. 마치 도인들이 도를 닦는 느낌이 이럴까라는 생각을 하기도 했었다. 사실 살아가면서 이런 철학적인 질문을 받을 기회가 많지 않다.

내 본질에 대한 질문부터 시작해서 나를 알아가고 원하는 바를 알아가는 과정. 그게 진정한 하브루타의 시작이 아닐까라는 생각을 했다.

겉모습만 따라 해서 비슷한 모양새를 갖춰가는 것은 진정한 삶이 아니다. 속을 단단히 채워 어떤 모양이든 의미 있는 형태가 되어 가치 있게 사는 삶이 바탕이 되어야 한다. 그래야 내가 행동하는 모든 것에 진심을 담아낼 수 있다.

때로는 아무리 생각해도 머릿속이 하얘지기도 했다. 그럴 때면 다시 책을 잡았다. 관심이 없었던 철학책을 소설 읽듯이 흥미진진하게 보기도 했다. 책을 보면서 나만의 생각과 가치관이 조금씩 정립되는 듯했다. 힘들고 막막할 때마다 힘을 주는 책. 역시 책은 새로운 힘을 만들어낼 수 있는 용기를 준다.

나와의 하브루타는 그림책을 보면서도 이어져 나갔다. 아이와 그림책 하브루타를 하기 전 나부터 시작해 보았다. 물론 그림책 하브루타를 하기 전에도 그림책은 매력적이었지만 그림책 하브루타를 하면서 보는 그림책 한 권은 철학책 한 권만큼의 가치를 지닌 듯했다. 그림책을 보면서 스스로에게 질문을 던져보기도 하고 아이처럼 판타지 세상에서 맘껏 상상을 즐기기도 했다. 창의력은 타고나는 것이 아니라 기르는 것이라고 한다. 그림책 하브루타를 하다 보니 무엇보다도 창의력이 점점 자라나는 느낌이 들었다.

하브루타도 내가 먼저 좋아해야 한다. 내가 먼저 빠져서 즐기고 행해야 아이들과는 물론 가족 하브루타로 이어갈 수 있다. 그리고 나의 삶으로 들어와 문화로 자리 잡을 수 있다. 하브루타를 교육 방법으로만 접근한다면 진정한 가치는 쉽게 알 수 없을 것이다. 아이만을 위해 억지로 하는 비법은 껍데기일 뿐이다. 아이들은 어른들보다 진심을 잘 알아차리는 능력이 있다. 진심이 있어야 아이도 엄마를 믿고 함께 빠질 수 있다.

나와의 하브루타는 지금도 진행 중이다. 아마 평생 나와의 하브루타가 이어질 듯하다. 나와의 하브루타가 일상화되니 나무가 아닌 숲을 보는 눈이 점점 커지고 있음을 느낀다. 아이를 알아가기 전 나를 알아가는 과정이 먼저 되어야 한다.

내 아이를 알아가는 즐거움

　수년간 어린이 영어 교사로 일을 하면서 약 천 명의 아이들을 만났다. 아직도 기억에 남는 친구들이 많다. 병원에 입원했는데 영어 선생님이 보고 싶어 빨리 퇴원하고 유치원에 온 아이, 영어 선생님은 매일 비행기 타고 유치원에 출근 하냐고 묻는 엉뚱하고 귀여운 아이들, 학기 말 영어 선생님과 헤어지는 게 슬프다며 눈물을 보이는 마음이 따뜻한 아이도 있었다. 그때의 아이들의 눈빛은 아마 평생 잊을 수 없을 것이다. 아이들마다의 눈빛과 성향도 다 달랐다.
　'많은 아이들을 만나봤으니 내 아이는 어떤 성향인지 파악하기 쉬울 거야. 나중에 엄마가 되면 기질에 맞는 육아를 해야지. 아무리 좋은 교육법이라 해도 아이의 성향과 기질이 맞아야 빛을 발휘할 수 있는 거지.'
　다양한 아이들을 보았다고 나는 그만 거만한 생각을 했었다. 그야말로 턱도 없는 꿈이었다. 내성적이지만 많은 생각을 품은 아이, 표현하기를 좋아하고 활달한 아이, 칭찬의 효과가 득이 되기도 실이 되기도 했던 아이들. 다양한 성향의 아이들을 만나고 나름의 분류를 하고 기질에 따라 다양한 교육관에 대해서도 연구하고 적용했었다. 그래서 그런 과감한 자신감이 생겼나 보다.

그런데, 우리 아이는 도통 모르겠다. 아무리 객관적으로 보려 해도 보이지 않는다. 심지어 아이의 친구나 내 친구들의 아이들은 그나마 파악이 된다. 세상 제일 어려운 게 내 아이들이다. 외향적인가 했더니 내성적인 면이 보이고, 대범한가 싶더니 상황 따라 낯을 가리고, 좀 무난한 성격이구나 하다가도 예민한 부분이 보였다. 파악하면 할수록 복잡한 미로 속으로 빠지는 느낌이었다. 도대체 이유가 뭔지 왜 내 아이는 잘 안 보이는 건지 납득이 되지 않았다.

어느 날 아이의 친구가 집에 놀러왔다. 우리 아이가 자신의 장난감을 양보하지 않아 결국 아이 친구가 울고 우리 아이도 울고 말았다. 나는 나대로 힘들게 손님치레하고 이게 뭔가 싶어 아이를 다그쳤다.

"네가 친구랑 놀고 싶다 해서 엄마도 배려해서 초대했는데, 너는 왜 그렇게 배려심이 없니? 엄마 정말 속상해."

그러자 아이가 울먹이며 말했다.

"엄마는 내 엄마예요? 친구 엄마예요?"

어이없다는 듯 대답했다.

"당연히 네 엄마지."

아이는 나를 도저히 이해할 수 없다는 듯 말을 이어갔다.

"그런데 왜 친구 입장에서만 이해해줘요? 왜 친구만 배려해요? 이건 내가 가장 아끼는 장난감이고 친구한테도 이야기했어요. 이것 말고 다해도 된다고."

아이의 말을 듣고 보니 조금 이해도 되었지만 내 주장을 꺾지 않았다.

"그래도 친구가 우리 집에 놀러왔고, 초대한 네가 양보해야지."

아이도 본인의 의견을 굽히지 않았다.

"엄마는 그 친구가 나보다 더 소중해요?"

"아니지. 우리 딸이 더 소중하지."

"그런데 왜 내 마음은 이해 안 해주고 혼내면서 나한테만 잘하라 그러고 친구한테는 항상 이해해주고 칭찬만 해줘요?"

"그건 네가 배려 깊은 사람이 되길 바라니까…."

말을 잇지 못했다. 그리고 깨달았다. 내가 바라는 아이의 모습만 보고 싶어 했다는 것을. 엄마 필터링을 끼고 색안경으로 아이를 보고 있었다는 것을.

대범한 아이였으면 하고 바라면 소심한 부분이 더 눈에 띄었다. 긍정적이고 무던한 아이로 자랐으면 하고 기대하면 예민한 부분이 눈에 더 들어왔다. 다른 아이들은 '이 친구는 생각이 많아서 표현이 조금 늦게 나오는구나' 생각하면서 내 아이에게는 '왜 그렇게 느리지. 조금 더 서둘러 할 순 없나?' 하고 답답해 했다.

내 아이를 제대로 보지 못하는 이유는 엄마의 바람이 들어가 있기 때문이다. 바람이자 엄마의 욕심.

엄마 욕심 필터링이 장착되어 아이의 본 모습을 파악하기가 힘들었던 것이다. 내가 낳았다고 해서, 사랑한다고 해서, 아이보다 불과 몇 십 년을 더 살았다고 해서 아이에게 나를 투영해선 안 되는 것이었다.

아이는 나와는 별개의 존재이다. 나에게 존속된 것이 아닌 한 명의 소중한 인격체이다. 아이를 하나의 인격체로 대하지 않고 나에게 존속된 자식으로 생각하는 부분이 내재되어 있으니 당연히 내 아이를 객관적으로 보지 못했던 것이다. 아이를 보는 눈에서 나의 바람을 빼야 했다. 그래야 진짜 아이를 알 수 있고 아이가 진정 행복할 수 있다. 하지만 말처럼 쉽지는 않았다. 지금도 늘 노력 중이다. 본능적으로 내 욕심이 들어갈 때면 다시 맘을 다잡곤 한다. 아마 평생의 노력이 필요할 듯싶다.

우리의 아이들은 우리의 소유가 아닙니다.
아이들은 우리를 거쳐 태어났지만
우리로부터 온 것은 아닙니다.
우리와 함께 있지만 우리에게 속해 있는 것은 아닙니다.

우리는 아이들에게 사랑을 줄 수는 있지만
생각을 줄 수는 없습니다.
아이들은 자신의 생각을 가지고 있으니까요.
우리는 아이들에게 육체의 집을 줄 수는 있어도

영혼의 집을 줄 수는 없습니다.
아이들의 영혼은 내일의 집에 살고 있고
우리는 그 집을 결코, 꿈속에서도 찾아가면 안 되기 때문이지요.
우리가 아이들처럼 되려고 노력하는 건 좋지만
아이들을 우리처럼 만들려고 하지는 마세요.

삶이란 뒷걸음쳐 가는 법이 없으며,
어제에 머물러 있는 것이 아니니까요.

- 칼릴 지브란 〈당신의 아이들은〉

엄마 욕심이 불쑥불쑥 올라올 때면 냉장고에 붙여놓은 이 글을 보면서 다시 마음을 다잡곤 한다. 엄마 필터링을 빼고 아이를 있는 그대로 바라보려 하니 점점 아이의 부족한 면보다 잘하는 부분을 보게 되었다. 아이가 잘하는 것은 당연하고 부족한 건 바꿔야 하는 게 아니었다. 아이의 장점을 부각시켜 단점을 가리는 것이다. 큰 장점은 단점들을 가릴 수 있다. 하지만 큰 단점은 장점을 가릴 수 없다고 생각한다. 단점보다는 장점에 중점을 두고 아이를 이해해주고 인정해 주어야 했다. 아이를 보는 관점을 바꾸니 아이들도 조금씩 마음을 열기 시작했다.

가르치는 엄마가 아니라 이해해주는 엄마가 되기로 마음먹으니 내 마음도 행복했다. 아이의 기질이 더 이해가 되고 좋은 면이 더 눈에 들어왔다.

아이를 나와 다른 한 명의 인격체로 존중해야만 아이와의 진정한 대화도 가능하다. 하브루타도 마찬가지이다. 아이의 마음이 열려야 하브루타도 가능하다. 하브루타를 통해 나를 알아 같듯 아이도 그대로의 자신을 인정받아야 스스로를 알아 갈 수 있다. 그 문은 엄마가 먼저 열어야 한다. 엄마가 자신을 믿고 든든한 지원자라는 진심이 아이에게 닿았을 때 아이는 진짜 자신을 보여주고 표현할 수 있다.

45억년 지구 역사로 본다면 아이와 나 우리는 어쩌면 동시대를 살아가는 동반자에 가깝지 않을까.

사랑하는 동반자의 눈으로 아이를 보면 누구보다 행복한 사람이 될 수 있다.

"엄마, 책 언제 읽어줄 거예요?"

나와의 하브루타를 하면서도 아이와의 하브루타를 포기하지 않고 시도했다. 전보다 대답하는 횟수가 많아지긴 했지만 질문들이 연결되기가 힘들었다. 문제는 나의 소재고갈이었다. 반복된 일상생활 속에서 나오는 일상 하브루타는 한계가 있었다.

어느 날 아이가 책을 가져와서 읽어 달라고 했다.

작가 에이미크루스 로젠탈과 톰 히치덴헬드(Amy Krouse Rosenthal & Tom Lichtenheld)의 《오리일까?토끼일까?(Duck! Rabbit!)》라는 책이었다. 나도 좋아하는 책이라 반가운 마음으로 읽어 내려갔다.

표지그림에도 제목처럼 오리인지 토끼인지 확신하기 힘들다.

책을 읽기 전에 아이들에게 먼저 물어보았다. 표지에 나온 동물은 토끼일까 오리일까? 두 아이의 대답은 각각 달랐다. 마음속으로 '의견이 다르니 잘되었다!' 싶어 자연스레 질문들을 이어나갔다.

책의 내용에서도 서로 오리이다 토끼이다 주장하며 그 이유들을 말한다.

> See, there's his bill. (봐 부리가 있어)
> What are you talking about? (무슨 말하는 거야?)
> Those are ears, silly. (그건 귀야, 바보야.)

책을 읽는 도중에도 아이들에게도 물었다.
"토끼로 보이니? 오리로 보이니?"
우리 아이들 또한 처음의 생각이 변하지 않고 둘이서 서로 자기의 주장이 맞는다며 우기고 있었다.
그림책을 보며 아이들에게 왜 그렇게 생각하는지 물었다.
신기하게도 'Bill'이 부리의 뜻인지도 모르는 둘째가
"봐봐, 이건 오리입이잖아."
라고 말하는 것이었다.
그럴 때 내가 한 마디 거든다.
"Wow~ It is a bill!, good!"
하고 칭찬을 해준다.
아이가 유추한 내용을 맞다고 확인시켜 주는 것이다.

나는 영어 그림책을 읽어줄 때 해석을 해주지 않는 편이다. 그림이나 나의 표정과 말투를 보고 추측하다 보면 점점 아이들에게도 유추능력이 자라나기 때문이다.

그러자 첫째도 "아니야 이건 토끼의 귀잖아~!" 하면서 페이지를 넘길 때마다 각자의 의견을 열정적으로 펼쳐내고 있었다. 그 모습을 보는데 얼마나 흐뭇한지 몰랐다.

내가 원하던 상황이다. 하브루타 하기 딱 좋은 상황.

예전 같았으면 "그만 싸우고 책 읽는데 집중해 집중!"이라고 말했을 텐데. 이제는 이 상황을 즐기고 있는 내 모습도 신기했다.

책의 마지막 부분에 가면 서로의 의견을 받아들이면서 상대방의 의견이 맞을지도 모른다고 생각하며 열린 결말로 마무리 된다.

You know, may be you were right.
(저기 있잖아. 아마 네 말이 맞을 수도 있어.)

여기서 하브루타의 매력이 나온다. 디베이트는 찬성과 반대 측이 각각 의견을 말하며 상대편을 설득하는 것을 말한다. 우리나라의 토론문화는 주로 디베이트가 많다. 디베이트가 나쁘다고 할 수 없지만 설득을 하는 과정에서 감정이 상하는 경우도 종종 있다. 하지만 하브루타는 서로 다른 주장을 가지고 있더라도 질문과 주장에 대한 허점을 지적해 주면서 상대방의 주장에 대해 인정할 부분은 받아들인다. 그리고 자신의 것으로 업그레이드시킨다. 끝까지 자신의 주장을 고집하는 것이 아니라 상대방의 의견에 동의하는 부분이 있으면 쿨하게 인정하는 것이다.

책을 다 읽고 아이들에게 다시 물었다.
"아직도 처음 생각과 같아? 생각이 바뀐 사람?"
다섯 살이었던 둘째가 대답했다.
"그래도 난 오리야! 오리!"
일곱 살이었던 첫째는 생각을 좀 더 하더니 대답했다.
"음…오리일 수도 있겠어. 난 토끼였으면 했어요."
다시 내가 물었다.
"생각이 조금 바뀌었구나. 왜 토끼였으면 했어?"
"엄마 난 토끼가 더 좋아요. 아마 동생은 오리가 더 좋은가 봐. 자기가 좋아하는 대로 보고 싶은가 봐요."
내 마음속에 불꽃이 터졌다. '빵~빵~' 바로 내가 원하던 하브루타 대화였다.
사실 둘째 같은 경우 당시 어렸기에 깊은 대화는 힘들었다. 하지만 엄마와 누나의 대화를 듣기도 하고 본인의 의견을 존중해주고 인정받는 것 또한 뜻깊은 과정이었다.
처음에는 둘째가 오리라고 우길 때 첫째도 지지 않고 본인의 주장을 강하게 펼쳤다. 그러다 동생을 이해하고 자신은 물론 동생의 마음까지 이해하는 변화가 일어났다.
책 한 권을 읽고 영어 단어나 문장을 하나 더 아는 것에 초점을 두는 것보다 책의 내용과 주제까지 생각해보는 과정이 스스로에게 일어난 것이 더욱 뜻 깊었다. 그 과정에 질문과 대화, 바로 하브루타가 있었다.

역시 그림책은 아이와 하브루타를 하기 좋은 최고의 매개체라는 것을 몸소 깨달았다. 특별한 일이 없는 일상생활과는 다르게 그림책에는 다양한 주제와 소재가 담겨져 있다. 아이들과 이야기하고 그들의 생각을 이해하기에 무궁무진한 통로가 될 수 있는 것이다.

또한 영어 그림책을 읽고만 끝내는 것이 아니라 질문하고 대답하는 과정에서 아이들은 대부분의 내용을 이해했다. 영어책을 읽고 스스로가 이해했다는 사실을 알게 되면서 영어에 대한 자신감도 덩달아 생긴다. 영어 실력이 자라는 것도 중요하지만 영어를 좋아하고 잘할 수 있는 사람이라고 생각하는 것이 무엇보다 중요하다. 더군다나, 제일 중요한 점 바로 그림책에는 '재미'가 있다. 아이들도 나도 재미있어야 한다.

하브루타를 하는 시간은 즐거운 시간이어야 한다. 즐겁고 편안한 마음에서 아이의 속마음과 자신의 생각을 표현할 수 있다.

다음날 둘째가 같은 책을 가지고 와서 또 읽자고 했다. 첫째도 슬쩍 다가와서 함께 책을 읽었다. 다른 책보다 함께 나눴던 대화를 통해 책에 대한 애착이 생긴 것이다. 영어 그림책을 쉽고 재미있게 인지를 하니 보는 횟수도 늘었다. 아이들이 책을 보면서 서로 자신의 생각을 말하면서 책 한 권을 보는 시간도 늘었다. 영어 그림책에 대한 애착도 깊어졌다. 오늘도 아이들은 영어 그림책 하브루타 시간을 기다린다.

"엄마, 영어 그림책 또 언제 읽어줄 거예요?"

이제는 나도 부담스러운 일이 아닌 아이들의 생각과 성향을 엿볼 수 있는 즐거운 시간이 되었다.

아이와 관계가 좋아지는 대화

그림책을 보다보면 어릴 적 내가 보인다. 어린 시절 추억들이 생각나면서 지금 내 아이들의 모습과 오버랩이 되기도 한다.

그림책 중에서 눈이 오는 게 너무 좋아 신나서 뛰는 아이들이 나오면,

'나도 어릴 땐 눈이 오기만을 기다렸었는데… 눈이 온다는 일기예보만 들어도 설렘으로 가득했었지…'

엄마에게 혼나서 온몸이 날아 가버리는 그림책을 봤을 땐,

'나도 어릴 때 엄마한테 혼나면 정말 무서웠었지… 너무 무서워서 숨고 싶을 때면 눈에도 보이지 않게 작아져서 사라져버리는 느낌이 들었었는데….'

하면서 어릴 적 생각들을 떠올린다. 마치 어릴 적 나를 대변해주는 것 같아 마음 한구석으로는 시원해진 듯하다.

내가 아이였을 땐 어른들을 이해할 수 없었다. 하지만 내가 어른이 되니 아이러니하게도 아이들을 이해할 수 없게 되었다.

모든 어른은 어린이였다. 모든 부모는 동심을 가지고 있었다.

그림책은 동심을 자연스럽게 소환해내기에 최고의 매개체이다. 추억을 생각하고 동심을 소환하는 과정에서 육아서를 읽고 실천하는 것만큼이나 의미 있는 시간을 가질 수 있다. 머리로만, 이론적으로만 아이를 이해하려 하면 힘들기 그지없다. 나의 인내심의 한계를 매번 갱신하는 기분이다. 하지만 동심이 소환된 상황에서 아이를 대할 때면 어릴 적 자신 혹은 그 시절 친구를 보는 것 같은 느낌이다. 깊이 공감하고 포근하게 감싸줄 수 있는 여유가 자연스레 생긴다.

때때로 육아서의 코칭보다 그림책을 보고 난 뒤의 감흥으로 아이를 이해하는 마음이 더 생기기도 한다.

그림책을 읽기 전과 후의 아이와의 대화에도 많은 변화가 있었다.

비가 오는 날이면 아이는 장화도 신지 않고 물웅덩이로 풍덩 뛰어들고 첨벙거리기 일쑤이다. 그 모습을 볼 때면 속이 뒤집히고 빨래 걱정이 앞섰다. 자연히 목소리가 커지고 행동을 말리기 급급했다.

"지금 뭐해? 옷이 다 젖잖아. 더러운데 왜 뛰어들어~! 그러다 다친다!"

하고 다그쳤다.

그림책을 자주 접하고 난 뒤에 같은 상황이 되면 전과는 조금 달리 생각하게 되었다.

'나도 어릴 때 물웅덩이를 보면 웅덩이 속에 뭐가 있나 궁금해서 뛰어들고 싶었었지. 참방거리는 소리와 물이 튀기는 게 재미있

기도 했었지….'

옷이 젖어도 좋을 만큼 웃고 행복했던 기억이 소중한 추억으로 자리 잡고 있다는 사실도 깨닫는다. 내 마음에 동심이 소환되니 아이에게 나가는 말이 공감으로 시작된다.

"물웅덩이 보니까 막 뛰어 들고 싶지? 엄마도 어릴 때 그랬어. 근데 우리 장화를 안 신어서 옷이 젖을 것 같은데 어떻게 하면 좋을까?"

물론 이런 교과서와 같은 말은 감정을 억누르며 입술을 꽉 깨물고 하거나 아주 좋은 일이 있는 날만 가능한 말투였다. 하지만 동심 소환 후 진심이 담긴 말로 아이들에게 이야기를 하자 아이도 나의 말을 더 귀담아 듣기 시작했다.

엄마의 말 습관부터 바꾸는 게 중요하지 않다. 진심이 없이 감정을 누르며 혹은 다른 목적으로 하는 엄마의 말은 아이들은 기가 막히게 알아차린다. 엄마의 마음이 바뀌는 게 먼저다. 아이를 억지로 이해하는 것이 아닌 내 맘 속에 아이의 모습을 꺼내어 진심으로 공감해주어야 한다.

그림책을 보고 나서 아이에게 내 어릴 적 이야기를 해주는 날이 부쩍 많아졌다. 그림책을 읽다보니 기억이 나고 아이와 비슷한 면이 보이니 생각이 날 때마다 아이에게 이야기 해주곤 했다. 아이들은 내 어릴 적 이야기를 무척이나 좋아했다. 그리고 '엄마도 그랬었구나' 하며 위로와 힘을 받으며 내 말을 좀 더 귀 기울여 들어주었.

예전에 아이가 질문을 하면 주로 부정적이고 따지는 듯한 질문들이 많았다.

"엄마는 왜 동생만 좋아해요?"

"엄마 유치원 안 가면 안 돼요?"

"엄마 학교 가기 싫은데요?"

"엄마는 왜 엄마하고 싶은 대로만 해요?"

사실 나도 사람인지라 부정적인 질문을 받으면 본능적으로 방어하고자 변명을 늘어놓게 된다. 결국에 아이에게 화를 내며 명령조로 말하기도 했다. 아이가 왜 그 질문을 하는지 아이의 마음을 생각해보기도 전에 내 입장을 표명하기 바빴다.

하지만 엄마의 어릴 적 이야기를 듣고 공감을 받던 아이는 질문도 서서히 달라졌다.

"엄마, 엄마는 처음에 학교 갈 때 어땠어요?"

"엄마는 어릴 때 할머니가 삼촌을 더 좋아하면 속상했어요?"

"엄마, 엄마는 어릴 때 빨리 어른이 되고 싶었어요?"

아이의 질문의 관점이 달라지니 더 정성껏 대답하고 싶어졌다. 아이가 왜 물어보는지도 느낄 수도 있었다. 이렇게 아이가 물을 때면 나 또한 솔직하게 이야기를 하고 공감 받고 싶어진다. 때로는 아이가 나를 위로해주며 자신의 문제를 해결하기도 했다.

아이는 본인의 걱정을 일방적인 가르침이 아닌 엄마의 어릴 적 경험을 통해 공감을 받고 힘을 얻기도 했다. 엄마인 나 역시도 아이에게 공감을 받으니 서로를 이해하는 마음이 넓어지고 관계는 자연히 더욱 좋아졌다.

그림책을 통해 나에게 동심이 되살아나니 아이들을 공감하는 마음이 생겼다. 아이들 역시도 엄마의 공감을 받고 엄마를 이해하기 시작했다. 엄마를 더 신뢰하고 자신의 마음을 더 솔직히 그리고 자주 이야기해주게 되었다. 그림책을 통해 아이와의 관계까지 향상될 수 있다니 그림책의 마력은 끝이 보이지 않았다.

Chapter 4

영어 그림책으로 하브루타 해볼까?

영어를 좋아하는 것이 먼저다

어린이 영어강사 일을 했던 것을 알게 되고 난 후 주위 엄마들의 반응은 크게 두 가지이다.

"엄마가 영어 선생님이었으니 아이들 영어는 걱정 없겠어요. 아이들도 영어 잘하죠?"

하고 부러움 반 질투 반의 시선으로 물어본다.

두 번째는 "혹시, 아이 가르칠 때 우리 아이도 같이 수업 좀 해주시면 안 될까요?"

하고 같이 아이들 키우는 입장에서 돕고 살자는 희망의 눈빛으로 물어본다.

첫 번째에 질문에 대한 나의 대답은 항상 똑같다.

"우리 애들 7살 초반까지 ABC도 몰랐어요. 제가 가르치지도 않았고요."

당연히 엄마들은 잘 믿지 않는다. 집에서 뭐라도 가르치겠지. 괜히 정보공유 안 하고 싶으니 저렇게 말하는 거겠지 하고 의심의 눈초리로 본다. 그러거나 말거나 정말이다.

첫째가 일곱 살이 되기 전까지 ABC도 가르치지 않았다. 물론 둘째도 마찬가지이다. 안 가르쳐도 타고난 언어영재라 스스로 깨우치면 너무나 좋겠지만 우리 아이들은 지극히 평범한 아이들이라 꿈같은 기적은 일어나지 않았다. 심지어 내가 가르친 아이들보다 영어를 받아들이는 속도가 훨씬 느리기도 했다. 중이 제 머리 못 깎아서 못 가르치는 것도 있겠지만 그보다는 내 나름의 목표가 있었다.

나는 영어도 책과 비슷하다고 생각한다. 책도 평생을 함께 가는 스승이자 동반자인 것처럼 영어 또한 나의 일부로 자리 잡고 함께 가야 한다.

책이 좋아야 평생을 함께 가듯이 영어도 마찬가지라 생각한다.

아이들이 어릴 때 영어 동요와 영어 그림책을 좋아한다고 해서 특별히 영어를 좋아한다고 착각하기 쉽다. 그 또한 부모의 바람일 뿐. 아이들이라면 누구나 동요와 그림책을 좋아한다. 어릴 때 영어 노래를 술술 하는 것을 들으면 엄마로서는 그렇게 기쁘고 뿌듯할 수가 없다. 그때부터 엄마들은 아이에게 본격적으로 영어를 즐기게 하는 것보다 시키기 시작한다. 일을 하면서 너무나 일찍 영어를 포기하는 아이들을 많이 보면서 안타깝고 속상했다. 왜 부모들은 아이의 즐거움을 학습으로 제멋대로 바꾸어 아이들을 질리게 하는 것일까.

물론 아이들이 가능한 선에서 현명하게 엄마표 영어나 학습을 시키는 경우도 많다. 나 또한 시중에 나온 엄마표 영어책을 거의 다 읽어보았다. 정말 대단한 엄마들이다. 진심으로 존경스럽다. 나의 경우 내가 아이를 위해 해줄 수 있는 엄마표 영어는 분명 한계가 있었다.

혹자는 아이가 하나인 집은 쉬울 수 있다고 하지만 집집마다 사정이 다 다르다. 특히나 워킹맘인 경우는 더욱 마음이 조급해지기도 한다.

나 또한 한때는 영어를 본격적으로 가르쳐야 하나 문제집이라도 하나 사서 파닉스를 시작해야 하지 않을까 하는 생각이 든 적도 있었다. 그럴 때마다 끊임없이 마음속으로 되새긴 말이 있다.

'아이의 입에서 하고 싶다고 하기 전까지 기다리자. 기다리고 또 기다리자.'

내 계획대로 시작하는 것이 아니라 아이의 의지대로 시작해야 깊게 알고 길게 갈 수 있다.

사실 다른 사교육들도 아이가 하고 싶다고 할 때 바로 시작하지 않았다. 몇 달을 기다리다 그때도 마음이 변하지 않으면 가족회의를 통해 결정을 내리고 시작을 했다. 시작하면 적어도 1년 넘게 꾸준히 해보자였고 아이도 기다려서 했던 만큼 빨리 싫증을 내지 않았다.

다른 과목에 비해 영어에 대한 의지는 더욱 뿌리 깊고 단단해야 한다. 10살도 되기 전에 영어를 포기하고 거부하거나 심지어 영어 때문에 심리상담 치료를 받는 아이들도 종종 보았다. 울며 겨자 먹기로 부모 탓을 하며 하기 싫은 영어 공부를 억지로 하는 아이들도 있었다.

요즘엔 아이가 조금만 호기심을 가지면 바로 시작하거나 관심을 가지기도 전에 미리 엄마가 결정해서 노출해주는 경우가 많다. 우리 아이가 어떤 성향을 가졌는지 알고 싶어 여러 분야를 경험해보고 판단을 해야 된다고 하는 말도 어느 정도는 일리가 있다고 생각한다. 하지만 적어도 영어는 다르다. 본인의 생각과 의지가 포함되지 않은 언어는 자신을 표현할 수 없다.

간혹 AI가 영어 번역은 물론 대신 말해주니 영어 공부를 할 필요가 없다고 생각하는 이들도 있다. 내 생각은 좀 다르다. 진심이 담긴 소통과 표현은 AI가 대신하기엔 한계가 있다고 생각한다. 정보 전달을 위한 영어가 아닌 나를 표현하고 나아가 다른 사람들을 설득하고 상대방의 마음을 바꿀 수 있는 영어가 되어야 한다. 자신만의 감성 표현 영어를 해야 한다. 이 일은 AI는 물론 누구도 나를 대신해 대변해줄 수 없다.

영어 하나로 먹고 살 수 있는 시대는 호랑이 담배피던 시절이지만, 여전히 영어로 얻을 수 있는 혜택은 너무나 많다. 아이의 생각의 폭 그리고 꿈의 크기가 달라질 수 있다.

'나는 영어를 못했으니 너라도 영어를 잘해서 내 한을 풀어다오' 하고 생각하는 부모들도 가끔씩 있다. 어찌 보면 가장 위험한 생각일 수 있다. 아이는 내 한을 풀어주는 아바타가 아니다. 더욱이 부모는 포기한 영어를 아이가 좋아하기란 쉽지 않다.

부모의 영어 실력을 떠나 아이들은 부모가 즐기고 대담하게 영어를 대하는 모습을 배운다. 부모에게도 너무 어려운 영어 공부는 큰 부담일 수 있다. 영어를 대하는 태도를 긍정적으로 보여줄 수 있는 가장 쉽고 효과 좋은 방법이 바로 영어 그림책과 함께하는 것이다. 좋아하는 그림 혹은 작가의 책을 골라 읽어보고 부모가 진정으로 즐기는 모습을 아이들은 기억할 것이다.

내가 원하는 목표는 아이들의 마음속에 영어 뿌리가 단단히 박히는 것이다. 영어는 해야 하는 것이 아닌 함께 가는, 나에게 큰 도움을 주는 친구로 인식되길 바란다. 내적 동기가 단단히 뿌리내리기 전에 아이에게 많은 영어 학습을 강요하지 않기로 마음을 먹었다. 조금 늦게 시작해도 아이의 마음속 내적 동기가 크다면 몰입이 되어 성장하는 건 어려운 일이 아니다.

그렇다고 그 동기가 나올 때까지 마냥 기다리는 것만은 아니다. 나름의 전략적인 노출이 있다. 그중 매일 읽는 영어 그림책이 큰 역할을 하고 있다. 엄마와 함께 영어 그림책을 읽는 시간은 아이에게 행복한 시간이다. 영어의 첫 이미지를 긍정적이고 따뜻하게 인식시키고 싶었다. 가장 깊고 단단한 뿌리를 내릴 수 있게 도와줄 수 있는 사람은 바로 엄마이다. 엄마도 함께 즐길 수 있는 영어 그림책을 통해서 그 싹을 틔울 수 있다.

일곱 살이 된 첫째가 어느 날 물었다.

"엄마, 엄마는 영어를 잘하는데 나는 왜 영어를 못해요?"

이제야 아이가 영어에 관심이 생기는구나라는 생각에 안도하면서 아이에게 대답했다.

"넌 잘하는 거지. 엄마 일곱 살 때는 너보다 훨씬 더 못했어. 넌 애플이 사과인 것도 알지만 엄마는 그것도 몰랐어."

"진짜? 그렇게 쉬운 것도 몰랐어요? 근데 지금은 어떻게 영어를 잘하게 되었어요?"

"음… 영어가 좋았어. 외국 친구들이랑 말이 통하는 게 신기하고 뿌듯했어. 영어 선생님이라는 꿈을 위해 영어를 해야 하기도 했지만 재미도 있었어."

"엄마는 좋겠다. 외국 친구이랑 대화할 수 있어서. 엄마 나도 영어 가르쳐주면 안 돼요?"

"왜? 영어가 왜 하고 싶니?"

"나도 나중에 미국에 디즈니랜드 가서 백설 공주랑 영어로 대화하고 싶어요."

일곱 살 여자아이다운 대답이었다. 하지만 그 동기만으로는 부족하다는 생각이 들기도 했다.

"아… 그럼 백설 공주랑 대화할 수 있으면 안 해도 되겠네?"

"아니 할머니 될 때까지 영어하고 싶어요."

"왜?"

"백설 공주 말고 다른 친구들도 사귀고 싶고 나도 엄마처럼 엄마가 되면 내 아기에게 영어로 그림책 읽어 주고 싶어요."

마음이 뜨겁게 데워지는 게 느껴졌다. 아이가 영어책 한 권을 줄줄 읽는 것보다 더 큰 감동이었다. 아이 스스로 마음속으로 평생 영어가 하고 싶을 정도로 스스로 영어를 왜 하고 싶은지에 대해 생각을 했다는 사실이 대견했다.

그 후 아이와 함께 서점에 가서 영어책도 고르고 아이가 선택한 문제집을 사서 함께 풀기도 했다. 지금도 꾸준히 아이와 영어 공부를 하고 있다. 다행히 영어를 공부로 생각하지 않는 듯 재미있어 한다. 어릴 때부터 꾸준히 보았던 그림책 덕분이라는 생각이 들었다.

아이가 크면서 부쩍 주위에 있는 아이 친구 엄마들이 물어보는 말이 있다.

"어차피 아이 가르칠 때 우리 아이도 좀 같이 하면 안 될까요? 그럼 더 규칙적으로 할 수 있어 도움이 될 것 같은데요."

처음엔 그래 볼까도 생각했었다. 간혹 빠지게 되는 아이와의 공부를 조금 더 규칙적으로 할 수 있을 수도 있겠다는 생각이 들었다. 한참을 고민한 끝에 생각을 고쳤다.

"미안하지만 안 될 것 같아요. 내 아이가 포함된 수업은 힘들 것 같아요. 영어 실력보다 저는 제 아이와의 관계가 더 중요해서요. 미안해요."

엄마들이 이해를 해줄지는 모르겠지만 나의 진심이다. 내 아이만 더 뛰어나길 바라서가 아니다. 만약 내가 수업을 맡으면 다른 아이에 대한 책임감이 생길 것이고 수업을 하다보면 다른 아이들 보다 내 아이를 더 다그치게 될 것이다. 또한 나도 모르는 사이에 내 아이와의 비교가 시작될 것이 눈에 보였다. 아이에게도 나에게도 상처가 생길 수도 있겠다는 생각이 들었다. 생각보다 마음이 강한 엄마가 아니기에 애초에 혹시나 하는 걱정을 차단하는 것이 나와 아이를 위해 맞다고 생각했다. 영어 실력보다 아이와의 관계가 나에겐 더 중요했다.

다행히 지금까지는 아이가 꾸준히 하고 있지만 분명히 영어가 지치거나 힘겨워질 때는 오기 마련이다.

하지만 아이가 영어를 쉽게 포기하리라는 생각은 하지 않는다. 영어를 하고자 하는 목적은 바뀔 수 있겠지만 맹목적인 공부는 하지 않을 것임을 알기 때문이다.

더불어 엄마와 함께하는 영어 그림책 하브루타로 아이는 점점 더 영어에 대한 애착이 생기리라 믿는다.

엄마에게 영어 자신감을 주는 영어 그림책

정말 영어 그림책만으로 영어 실력을 키울 수 있을까? 그림책으로 무슨 영어 실력씩이나 하며 믿지 못해 물어보는 사람들도 많다. 하지만 내 생각은 당연히 'YES!' 이다. 영어 실력은 덤이고 영어에 대한 애증이 애정으로 바뀌는 경험도 가능할 것이다.

부모들은 아이들의 독서 습관화를 위해 아이가 어릴 때부터 차근차근 진행해 나간다. 책을 읽어주기도 하고 아이가 좋아하는 책으로 책장을 채워주기도 한다. 또 우리 아이의 수준에 맞는 책을 알아보고 책을 읽고 나서 다양한 독후 활동을 하기도 한다. 아이의 독서 습관화를 위해 주저 없이 책에 투자를 하기도 한다.

그런데 정작 엄마인 나에게는? 물론 어릴 때부터 책을 좋아하고 즐겼던 사람이라면 다를 수 있다. 하지만 독서습관이 생소한 어른들도 아이가 책을 좋아하게 되는 과정과 같은 방법으로 진행되어야 한다고 생각한다. 나 또한 어릴 때부터 책을 좋아하진 않았다. 성인이 되고 난 후 그림책을 보면서 책에 재미를 느꼈고 확장이 되었다. 독서를 즐기고 나아가 치유의 시간이 됨을 느끼고 나니 어느덧 독서가 습관화되어 있었다.

사실 독서는 인간의 본능이 아니다. 수 만 년 인간의 역사에서 독서를 시작한 건 고작 몇 백 년에 지나지 않는다. 독서는 노력을 통해서만 습관화될 수 있는 것들 중 하나이다. 습관화되기 위해선 어느 정도의 과정을 거쳐야 하며 훈련이 되어야 한다.

아이들에게는 그 과정과 훈련을 중요시 하면서 정작 어른인 우리는 그렇지 못한 경우가 많다. 중간 단계를 뛰어넘고 바로 독서가가 되길 바라는 건 너무 큰 욕심을 부리는 건 아닐까?

나 또한 초기엔 베스트셀러나 육아서를 보면서 독서가 습관화되길 바라기도 했었다. 하지만 돌아오는 건 자신에 대한 실망감과 실패였다. 즐거운 독서에 대한 과정과 경험이 없이 독서가라는 결과만을 바랐기 때문이다. 아이와 마찬가지로 책을 읽는 재미를 느껴야 한다. 그림책도 마찬가지이지만 본인의 성향에 따른 책의 선택을 통해 맞춤 시작이 되어야 한다.

나의 경우 그 시작점이 바로 그림책이었다. 그림책은 누구나 독서를 시작하기에 안성맞춤이 아닐까 싶다. 쉽고 재미있으며 짧은 시간에 언제든지 시작하기에 이만한 책이 있을까.

아이가 영어를 좋아하게 만들기 위한 최고의 방법 중 하나가 영어 그림책 독서라고 한다. 더욱이 영어 능력을 향상시키기에 가장 효과적인 방법이기도 하다.

세계 최고의 언어학자인 스티븐 크라센은 저서인 《크라센의 읽기 혁명》에서 말한다.

"읽기는 언어를 배우는 데 최상의 방법이 아니다. 그것은 유일한 방법이다."

어른들도 마찬가지라고 생각한다. 영어 그림책은 영어는 물론이고 나아가 책의 매력에 빠지게 안내해주는 편안하고 재미있는 가이드가 아닐까.

성인이 영어 그림책을 시작하는 방법도 아이들이 시작하는 방법과 같다.

먼저 나의 수준보다 낮은 수준의 영어 그림책을 고른다. 혹은 내가 좋아하는 소재의 책을 고르기도 한다.

나는 아이들에게 새로운 영어 그림책을 보여 주기 전 책의 CD를 반복해서 들려준다. 아이들이 놀고 있을 때나 식사시간에도 흘려들을 수 있도록 계속 켜둔다. 어느 정도 익숙해지면 아이들이 보이는 곳에 책을 둔다. 아이들이 관심을 보이면 책을 가져와 읽어준다. 아이들은 처음 보는 책임에도 불구하고 흘려듣기에 익숙해졌기 때문에 자연스럽게 잘 받아들이고 이해한다. 나도 마찬가지이다. 새로운 영어 그림책을 책을 읽기 전 집안일을 하면서 혹은 차안에서 CD에 나오는 노래나 스토리텔링을 흘려듣기 한다. CD가 없을 경우엔 유튜브에 책제목을 검색해 노래와 스토리텔링을 반복해서 듣기도 한다. 어느 정도 익숙해지고 나면 책을 본격적으로 보기 시작한다.

나의 경우 먼저 그림을 중심으로 보려 한다. 아이에게 책을 읽어주면 그림에 집중하지만 어른들은 글을 읽어줘야 하기 때문에 그림을 놓치는 경우가 많다. 하지만 그림책은 글과 그림의 아름다운 조화의 작품이다. 글자에만 집중하다 보면 그림책의 묘미를 진정 느끼기 어렵다. 그래서 나는 항상 그림을 먼저 음미하고 나서 글을 읽어본다.

흘려듣기로 익숙해진 단어나 문장이 나오면 술술 읽히기도 하면서 유창한 발음을 흉내 내기도 한다.

이때 느끼는 묘한 쾌감이 있다. 흘려듣기를 많이 했을수록 더 큰 자신감을 갖고 편안하게 책을 읽어 내려갈 수 있다. 이 과정에서 영어에 대한 자신감이 솔솔 싹트기 시작한다.

모르는 단어가 나올 때면 우선은 그림을 보기도 하고 내용의 앞뒤 맥락을 통해 뜻을 유추해본다. 유추한 뜻이 맞았을 때는 그렇게 뿌듯할 수가 없다. 다른 내용에 비해 잘 잊혀지지도 않는다.

또한 그림을 유의 깊게 볼수록 이해하는 부분이 많아진다. 설명이나 말로 이해하기보다 그림으로 이해하면 이미지의 잔상과 느낌이 머릿속에 오래 남기도 한다.

좋았던 그림책은 몇 번이고 더 읽어보기도 한다. 아이들이 영어 그림책을 보는 순서와 정확히 같은 방법이다. 어른이라고 해서 마디 점프하지 않고 처음부터 또박또박 재미있게 불려가는 것이 진정으로 즐기고 잘 불릴 수 있는 방법이다.

가끔씩 아이가 내가 잘 모르는 생소한 책을 가져오면 빨리 읽고 치우고 싶은 맘이 굴뚝같다.

'하필이면 이걸 가지고 왔네… 이 책 말고 저 책 가져오지…'

하고 내심 불평하기도 한다. 이와 달리 내가 좋아하고 몇 번 읽었던 책을 아이가 가지고 오면 반가운 마음으로 즐겁게 읽어 내려간다. 엄마에게도 익숙하거나 외울 만큼 자주 읽었던 영어 그림책은 다른 책보다 자신감 있게 아이에게 읽어줬던 경험을 한번쯤은 했을 것이다. 특히나 아이가 어리고 쉬운 영어 그림책을 가져 왔을 땐 마음이 놓이기까지 한다.

내가 찬찬히 음미하고 즐겼던 책들을 아이와 함께 읽을 때면 다른 책과 달리 감정을 살려 애정을 담아 읽어주게 된다. 물론 아이들의 집중 또한 달라진다. 이야기하고 표현해줄 것들이 더 많이 눈에 띄고 말해주고 싶어진다. 아이들 또한 궁금한 것과 하고 싶은 말들이 많이 생겨나기도 한다. 한 권의 그림책을 통해 엄마와 함께 담아가는 추억들이 커져가는 기쁨도 맛볼 수 있다.

책을 대하는 엄마의 다양한 감정들은 책을 읽는 동안 아이에게 온전히 전달된다. 특히나 영어 그림책의 경우 아이는 엄마가 잘 읽어주기 쉬운 그림책을 자주 가지고 오는 경우가 많다. 어릴 땐 영어 그림책을 잘 가지고 오다가 부쩍 책을 가져오는 횟수가 줄어들었다면 엄마의 영향이 있을 수 있다.

자신감을 가지고 읽은 영어 그림책이 쌓일수록 나의 영어 자신감 또한 올라간다. 아이들과 함께하는 추억도 겹겹이 쌓일 것이다. 무엇보다 아이들은 영어를 대하는 엄마의 변화하는 모습을 보며 좋은 영향을 받을 것이다.

엄마는
영어 선생님이 아니잖아요

"엄마가 읽어주는 영어 그림책, 좋은 건 알겠는데 제 발음도, 영어 실력도 부족해서 걱정이에요."

이 걱정은 엄마가 해야 할 걱정이 아니라 영어 선생님이 해야 할 걱정이다. 왜 엄마들이 영어 선생님들의 걱정을 대신하는 걸까?

"아이가 나 때문에 발음이 이상해지진 않을까? 내 영어 실력을 알고 실망하진 않을까?"

이해는 되지만 걱정만 하는 시간에 아이들은 자라고 심지어 시작도 못하고 엄마와 함께할 수 있는 소중한 시간들은 사라져버린다. '하… 이렇게 발음해도 될까… 내가 잘하고 있나… 아… 정말 영어는 싫은데… 아이를 위해 하긴 해야 되는데….'
하며 내내 걱정하면서 움츠리며 아이에게 그림책을 읽어주는 것과

'내 발음이 어떻든 일단 재미있게 해보지 뭐. 점점 나아지겠지'
라는 생각으로 읽어주는 건 비슷한 영어 실력일지라도 아이에게 있

어서는 아주 큰 차이가 날 수 있다.

　아이는 엄마에게 영어 실력보단 엄마가 영어를 대하는 태도를 느끼고 배운다. 영어를 잘하든 못하든 아이는 엄마가 주눅 들어 있다는 걸 피부로 느끼고 본인도 모르게 영어에 대한 두려움과 거부감이 생기기도 한다. 비록 영어 실력이 좀 부족하더라도 도전하고 실천하는 엄마의 모습을 본 아이는 영어에 대한 도전정신과 자신감을 배운다. 우리가 아이에게 가르쳐야 할 것은 발음이나 영어 실력이 아니다.
　엄마는 아이들에게 영어를 대하는 마음가짐과 뿌리를 단단히 하는 것에 집중해야 한다. 내가 영어를 어떻게 생각하는지 어떻게 대하는지에 대해 먼저 생각해봐야 한다. 비록 영어가 어렵고 멀리하고 포기해 버리고 싶을지라도 쉬운 영어 그림책으로 천천히 시작하다 보면 서서히 바뀌는 내가 보일 것이다.
　아이가 바라는 모습도 완벽한 발음과 실력을 구사하며 책을 읽어주는 엄마가 아니다. 중요한 것은 엄마와 책을 읽었을 때 얼마나 즐겁고 행복했냐이다.
　그림책을 읽으며 가졌던 엄마와의 공감과 소통을 통해 엄마를 좋아하듯 영어를 좋아하게 만드는 것이다.
　실력과 발음은 엄마가 아니라도 아이들이 크면서 좋은 책과 선생님을 통해 얼마든지 배울 수 있다.
　하지만 따뜻한 엄마 품에서 함께 나눈 행복한 기억들은 엄마만이해 줄 수 있다. 그 기억들로 아이는 영어에 대한 긍정적인 뿌리를 단단히 내릴 수 있을 것이다.

그렇다면 엄마는 어떻게 아이와 영어 그림책을 읽을 것인가? 엄마가 아이와 함께 영어 그림책을 읽을 때 세 가지만 버리면 된다.

첫 번째, 발음 걱정은 이제 그만

친언니 같은 언니가 대구에서 서울로 이사를 갔다. 언니는 대구 토박이로 대구에서 조카를 낳고 조카가 6살이 되던 해 서울로 이사를 갔다. 오랜만에 만난 조카의 말투를 듣고는 낯선 느낌이 들었다. 얼마나 서울말을 잘 쓰던지. 원래 서울 사람처럼. 언니도 형부도 사투리를 쓰지만 조카는 집에서는 사투리를 쓸지라도 학교나 밖에서는 서울말 즉 표준어를 쓴다고 했다.

영어도 마찬가지이다. 부모가 사투리를 쓴다고 아이들이 모두 사투리를 쓰지 않는다. 아이들도 엄마의 발음과 CD의 발음이 다르다는 걸 너무나 잘 안다. 그리고 시간이 지남에 따라 어떤 발음이 맞는 건지도 아이 스스로 깨닫는다. 또한 아이들이 자라서 영미권 사람들뿐 아니라 세계의 다양한 국가의 사람을 만날 것이다. 물론 세계 여러 나라 사람들의 발음도 다 다르다. 중요한 건 발음이 얼마나 좋은가가 아니라 영어로 얼마나 나를 잘 표현할 수 있는가이다.

두 번째, 영어 공부를 강요한 영어 그림책 읽기도 이제 그만

영어 그림책 읽기는 영어만을 위한 수단이 되어서는 안 된다. 엄마가 영어를 위한 수단으로만 생각할 경우 아이에게는 공부로 인식되기 쉽다. 영어 그림책을 읽고 나서 영어를 얼마나 아는지 체크를 한다든지 억지로 외우게 하는 일은 결국 아이를 영어 그림책에서 멀어지게 만드는 일이다.

아이와 자연스럽게 기억에 남는 것을 질문하거나 그림책을 읽고 나서의 감정에 대한 대화를 많이 해야 한다. 아이가 그림책에 대한 애착을 가지고, 점점 빠져 즐길 수 있도록 함께 즐겨야 한다.

세 번째, 아이가 좋아하지 않는 영어 그림책도 이제 그만

아무리 유명한 영어 그림책이라도 우리 아이에게는 관심이 없을 수 있다. 엄마가 보기에 좋은 책일지라도 아이에게는 재미 없는 책이 될 수 있다. 다른 책들도 마찬가지이지만 특히나 영어 그림책은 아이의 관심사가 우선시 되어야 한다.

흔히 자료에 나오는 영어 그림책 베스트셀러나 나이별 영어 그림책 권장도서는 내 아이만을 위한 리스트가 아니다. 책을 선택하는 엄마들을 위한 참고용일 뿐이다. 다른 아이들이 좋아했다고 해서 내 아이도 좋아하리라는 기대보단 참고용으로 보는 것이 좋다.

나도 초반에는 인기가 많고 유명한 책이니까 우리 아이도 좋아하겠지 하고 여러 권 샀다가 아이의 눈길도 받지 못한 책들이 많다. 유명하진 않지만 우리 아이가 좋아하고 반복해서 읽는 책이 우리 아이에게 좋은 책이다.

첫째가 5살 무렵 한창 책을 가져와서 읽어 달라고 졸랐다. 동생 때문에 바쁜데 꼭 그때마다 책을 가져와 읽어 달라고 내밀었다. 몸은 힘들었지만 내심 책을 좋아하는 아이인가 보다하고 흐뭇하게 생각했었다.

한참 지나고 나서 깨달았다. 첫째가 책을 좋아한 것보다 엄마의 관심과 사랑을 느끼고 싶어서라는 것을. 책을 읽은 동안만이라도 엄마가 본인에게 집중한다는 것을 알았던 것이다. 동생도 집안일도 그 모든 것을 제치고 엄마를 차지할 수 있는 유일한 방법을 알았던 것이다.

엄마는 영어 선생님이 가지지 못한 가장 큰 장점을 가지고 있다. 아무리 영어 실력이 뛰어나더라도 절대 따라잡을 수 없는 엄마만의 무기. 바로 엄마의 따뜻한 품이다. 엄마의 따뜻한 품에서 사랑을 느끼며 읽은 영어 그림책은 아이에게 평생의 추억이 될 것이다. 그 추억들이 아이들에게 어려움이 와도 이겨낼 수 있는 인생의 든든한 지지대가 될 것이다.

영어 그림책 하브루타 어떻게

영어 그림책 읽어주기도 벅찬데 하브루타까지?

미리 걱정할 필요 없다. 오히려 하브루타가 엄마를 더 편하게 해주기도 한다. 아이가 말하는 시간이 길어지니 오히려 내가 책을 계속 읽어주는 것보다 편하기도 했다. 아이들이 어느 정도 적응이 되면 질문 하나를 던지면 열 가지 이상을 말하니 호응해주면서 듣기만 하는 시간도 가끔 생겼다.

아이는 자신의 이야기를 들어주는 엄마를 통해 신뢰가 쌓이고 자신의 감정을 수면 위로 끌어올리면서 통쾌함을 느끼기도 했다. 자연히 아이와의 관계도 좋아졌다. 아이와의 관계가 좋아지고 서로를 믿어나가는 과정이 바로 하브루타의 가장 큰 장점이 아닐까 생각했다.

물론 영어 그림책 하브루타뿐만 아니라 우리말 그림책 하브루타도 함께 진행 중이다. 한국어 그림책도 영어 그림책 못지않게 중요하다. 영어도 이해력과 사고력이 바탕이 되어야 실력이 늘 수 있다.

우리말에 대한 이해력과 사고력이 깊을수록 영어를 받아들이는 속도나 깊이도 달라진다.

'자, 그럼 영어 그림책 하브루타를 시작해 볼까?' 하는데 막상 뭐부터 어떻게 해야 할지 막막할 수 있다. 영어 그림책 하브루타는 거창한 것이 아니다. 부담스럽다는 생각부터 버려야 한다.

영어 그림책을 보면서 아이와 소통하고 아이의 생각을 경청하고 질문을 통해 아이에 대해 알아가는 과정이다.

가장 큰 걱정, 바로

'영어 그림책 하브루타는 영어로 해야 되는가?'이다.
결론부터 말하자면 아니다. 꼭 영어로 할 필요가 없다.

나 또한 하브루타를 할 때는 우리말로 아이들과 이야기를 나눈다. 이야기를 나누다보면 깊은 속마음을 표현해야 하는데 영어로 다 표현하지 못 할 때가 많다. 물론 반복적으로 하는 질문과 아이가 아는 간단한 질문들은 영어로 해도 좋으나 다른 대화는 한국말로 해도 괜찮다. 영어를 얼마나 많이 말한 것이 중요한 게 아니라 아이가 영어 그림책을 얼마나 자기의 것으로 받아들여 표현하느냐가 중요하다. 그리고 엄마와의 대화시간이 얼마나 즐거웠냐가 가장 큰 요인이다. 이 과정 속에서 아이는 자신도 모르게 영어에 대한 자신감을 갖게 되고 영어를 좋아하게 된다.

다음으로 궁금해 하는 것이 바로

'영어 그림책 하브루타는 언제부터 하면 가장 좋을까?'이다.

시작은 영어 그림책을 아이에게 보여주는 순간부터이다. 책에 나오는 것만 읽어 주고 바로 끝나는 것이 아니라 느낌이나 기억나는 것에 대한 질문들로 시작할 수 있다. 그리고 하루 중 아이와 엄마가 편안한 시간대에 하는 것이 가장 좋다. 나는 주로 잠자리에서 하브루타를 많이 한다. 아이들이 자기 전 책을 읽고 편안한 마음에서 자신의 감정을 가장 잘 인지하고 표현하기 때문이다.

나 또한 책 읽고 자는 것만 남았으니 여유 있게 아이의 말에 귀를 기울이고 아이에게 집중할 수 있다.

그리고 잠자리에서 하면 가장 좋은 것 한 가지. 바로 아이가 기분 좋고 행복한 감정으로 마무리 할 수 있다는 것이다. 비록 그 날 속상한 일이 있더라도 그림책과 엄마와의 대화를 통해서 안 좋았던 감정을 떨쳐버리고 긍정의 감정으로 하루를 맺을 수 있다.

잠들기 전, 감사일기만으로도 인생이 변할 수 있다고 한다. 아이가 하루를 긍정의 감정, 감사의 마음으로 마무리를 한다면 자아 긍정감 또한 자랄 것이다.

마지막으로 '영어 그림책 하브루타 어떻게 할까?'이다.

 영어 그림책 하브루타는 영어 그림책을 읽기 전, 읽는 도중 그리고 읽은 후, 전 과정에서 진행이 된다.
 영어 그림책 하브루타는 도입 하브루타, 그림책을 읽는 중에는 내용 하브루타, 마지막으로 그림책을 다 읽고 나서 하는 상상적용 하브루타 순서로 진행된다.

먼저 영어 그림책을 읽기 전에 하는 도입 하브루타이다

 그림책의 표지에 나오는 그림이나 제목을 보고 아이와 이야기를 나누는 과정이다. 대부분 표지의 제목만 읽고 빨리 넘기는 경우가 많은데 표지의 그림을 아이와 천천히 보면서 이야기를 나눠보는 시간을 가져보면 좋다. 아이는 그림책의 내용에 대해 기대하고 더 집중할 수 있다. 대다수 그림책의 표지에는 작가가 말하고 싶은 주제가 담겨 있다. 그림 혹은 제목을 통해 메시지를 미리 전달하기도 한다. 표지에 대해 먼저 이야기해보고 유추한 것이 정말 책속의 내용과 일치했을 때 아이들은 재미있어 한다. 도입부에서 할 수 있는 하브루타의 질문들은,

"그림책 표지에 뭐가 보일까?"

(What do you see in this picture?)

"그림을 봐. 무슨 일이 일어나고 있니?"

(Look at the picture. What do you think is happening?)

"이 책은 무슨 이야기일 것 같아?"

(What do you think will happen in this book?)

이 질문들은 책을 볼 때마다 공통으로 나오는 질문이기 때문에 영어로 물어보기도 한다. 물론 아이들은 한국말로 대답하기도 하고 아는 단어가 있으면 영어로 말하기도 한다. 책을 읽을 때마다 나오는 반복적인 질문은 미리 연습을 해두었다가 한 문장씩 늘려가며 아이와 이야기 해보면 좋다. 한국말로 물어보면 잘 대답하다가도 갑자기 영어로 질문을 하면 아이들의 대답이 줄거나 피하는 경우가 생길 수도 있다. 많은 영어 질문을 한꺼번에 사용하는 것보다 한 문장씩 천천히 늘려가는 것이 좋다. 이 과정에서 내가 꼭 하는 한 가지가 더 있다면 뒤표지도 함께 펼쳐서 보는 것이다. 그림책에 따라 앞표지와 연결이 되는 그림이 있기도 하고 뒷표지에 작가의 메시지가 많이 숨어 있기도 하다.

아이들이 좋아하는 영어 그림책《We are going on a bear hunt(곰 사냥을 떠나자)》헬린 옥슨버리, 마이클 로젠이 공저인 도입 하브루타를 진행했을 때 아이와 함께 나눈 질문들이다.

(책의 앞표지와 뒤표지이다. 앞표지만 보면 아빠 누나 형 그리고 아기만 나온다. 뒤표지에 비로소 엄마와 강아지까지 나온다. 뒤표지도 함께 보면 좋은 이유이다.)

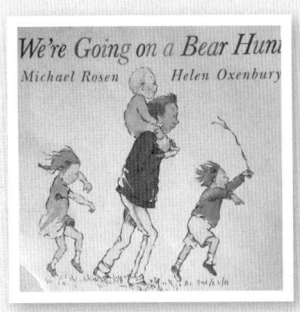 

그림책 표지에 뭐가 보일까?

(What do you see in this picture?)

엄마는 어디에 있을까?

(Where is mommy?)

가족들은 어디를 가는 걸까?

(Where are they going?)

가족들의 기분은 어떨까?

(How do those families feel?)

무슨 이야기가 펼쳐질까?

(What do you think will happen in this book?)

물론 위의 질문을 모두 다 할 필요는 없다. 질문을 하나씩 다 하다간 책 읽기도 전에 지칠지도 모른다.

아이의 수준에 따라 한두 개의 질문을 골라서 묻거나 엄마의 생각을 먼저 말해보기도 한다.

두 번째 단계는 내용 하브루타이다

그림책의 내용에 관련해서 아이와 대화를 나누는 과정이다. 여기서 주의해야 할 것!

바로 영어를 체크하는 질문을 피해야 한다.

아이가 그림책을 어떻게 느꼈는지 알아가는 과정이지 아이가 얼마나 영어로 기억을 하느냐의 문제가 아니다. 나는 주로 책을 읽는 도중에는 다음 상황을 예측하는 질문이나 만약 네가 주인공이라면 어떨지에 관한 공감의 질문을 많이 묻는다.

내용 하브루타의 질문에는

가족들은 어디를 지나갔을까?
가족들이 힘들게 헤쳐 나갈 때 기분은 어땠을까?
너라면 곰 사냥을 끝까지 하고 싶었을까?
가족들이 지나간 곳 중 어디가 가장 힘들었을까?

책읽어주기는 영어로 했지만 아이들이 대답을 할 때 보면 신기하도록 책의 내용을 잘 이해하고 있다. 또한 질문과 대답의 과정을 통해 아이들은 책의 내용을 더 깊게 이해하기도 한다.

그리고 아이가 대답을 할 때마다

"이야~ 영어로 읽었는데 이해한 거야? 대단한데!"

하며 칭찬을 아이의 마음에 영어의 자신감과 긍정감이 자라길 바라면서 아끼지 않는다. 영어 그림책 하브루타의 가장 큰 묘미 중 하나이기도 하다.

마지막 단계는 그림책을 보곤 난 후에 하는 상상적용 하브루타이다

상상해서 질문을 하기도 하고 질문들을 통해 나의 진정한 지식으로 만드는 메타인지 하브루타이기도 하다.

> 너는 가족과 함께 사냥을 간다면 어떤 사냥을 하고 싶어?
> 만약에 정말 곰을 만났다면 어떻게 할 거야?
> 곰은 왜 집까지 따라왔을까?
> 곰의 뒷모습은 어때 보여?
> 너라면 다시 곰 사냥을 갈 거야?

그림책 한권으로 아이와 깊은 대화를 나누다보면 아이의 몰랐던 성향이 조금씩 보이기도 한다.

첫째와 이 그림책으로 하브루타를 할 때의 일이다.

"왜 곰이 가족들의 집까지 따라왔을까?"

라고 물었을 때 당연히 잡아먹거나 화가 나서일 거라고 생각했다.

하지만 아이의 대답은 달랐다.

"엄마! 곰은 혼자잖아요. 외로워서 가족들이랑 놀고 싶었을 것 같아요. 혼자 돌아가는 곰이 불쌍해 보여요."

아이의 순수한 마음이 전해지면서 아이가 너무 사랑스러웠다. 아이를 꼭 안아주었다.

물론 그때까지만 어렸던 둘째는

"곰이 배고파. 가족들 다 잡아 먹으려고 쫒아온 거야."

덕분에 따뜻하게 부풀어 올랐던 감정을 시원하게 가라앉혀 주기도 했다.

그림책 하브루타를 통해 아이를 이해하고 사랑하는 마음이 점점 커지는 것을 느낄 수 있었다. 그림책이 아이와 나 사이를 연결해주는 사랑의 메신저 같다는 생각이 들었다.

그날 아이에게 말했다.

"지금처럼 엄마랑 그림책 읽고 대화한 게 바로 하브루타야."

"엄마 하브루타 너무 재미있어요. 우리 매일하자요~!"

하브루타 하기 좋은 영어 그림책

 모든 책을 읽을 때마다 하브루타 하기란 쉽지 않다.
 학교교육 과정으로까지 적용된 '한 학기 한 권 읽기'인 슬로리딩을 모든 책에 접목시키기 어려운 것처럼 하브루타도 마찬가지이다. 정독해야 할 책도 분명히 있고 다독 또한 아이들에게 필요하다.
 하브루타를 하면서 겪은 가장 큰 변화는 한 권의 책이라도 아이의 추억으로 만들어 주겠다는 나의 의지이다. 예전에는 '하루에 8권은 읽어야지. 위인전도 읽어야 하고 지식 책도 봐야 하고 골고루 읽어내야지.'라는 생각이 있었다. 그렇다고 8권 모두 진정 아이의 것이 되는 것도 아닌데 말이다. 마치 CD를 틀어놓은 것처럼 한 권을 읽고 "다음! 다음!"을 외쳤다. 과연 아이에게 뭐가 남았는지 그림책에서 무엇이 아이에게 감동을 주는 지도 모른 채 권수에 매달려 아등바등했다.
 하지만 하브루타와 슬로리딩을 알고 나서 책읽어주기에도 큰 변화가 생겼다. 책은 얼마나 많이 읽느냐가 중요한 게 아니다.

책을 통해 감동을 받고 깨달음을 얻어 얼마만큼 내 삶으로 들어오느냐가 중요하다.

보통 아이가 자기 전 서너 권의 책을 가져온다. 아이가 들고 온 책을 보면 두세 권 정도는 우리말 그림책, 그리고 한두 권 정도는 영어 그림책이다. 영어 그림책을 가져 오지 않는 날도 간혹 있다. 그럴 때는 살며시 한권 끼워 넣기도 하고 "엄마 이 책 보고 싶은데 볼래?" 하고 묻기도 한다.

서너 권의 책을 모두 하브루타를 할 수 없다. 그중 한 책을 골라 하브루타를 하는데 아이가 둘이니 각자 고른 두 권 혹은 한 권으로 함께 하브루타를 하기도 한다.

좋은 그림책에도 나름의 기준이 있듯이 하브루타를 하기 좋은 영어 그림책도 마찬가지이다.

첫째, 아이가 좋아하는 책이다.

지겹도록 이야기하고 또 이야기한 내용이기도 하다.

아이의 흥미가 있어야 아이가 적극적으로 말을 하고 표현하기도 한다. 아이가 보기 싫은 책으로 억지로 가져와서 하는 하브루타는 안 하느니만 못하다.

한때 둘째가 《Good night Golilla(굿나잇 고릴라)》 By Peggy Rathmann 책을 좋아해 반복해서 가지고 올 때였다. 아직 어려서 깊은 대화가 힘든 시기여서 간단한 질문만 하고 이야기를 나누었다. 그런데 본인이 좋아하는 책이어서인지 대답은 물론이고 스스로 질문을 만들어 나에게 던지기 시작했다.

"엄마, 동물들을 누가 풀어 줬게? 누나! 말하지 마! 엄마가 말해."

"글쎄, 기억이 잘 안 나네. 동물원 아저씨가 꺼내줬나."

(물론 알지만 아이가 물은 의도가 빤히 보이기에 가끔씩 연기를 하기도 한다. 단지 6세 미만일 때만 통한다.)

"고릴라가 풀어줬떠."

"그래? 어떻게 풀어줬을까?"

"열쇠로 풀어줬어요."

"왜 풀어줬을까?"

"혼자는 심심하니까. 같이 가고 싶어서 풀어줬어요."

평소에 누나와 하브루타를 하고 있으면 대답도 안 하다가 하는 말이라곤, "난 똥! 난 방귀! 헤헤헤" 하고 장난을 치던 아이였다.

본인이 좋아하는 책이 나오니 나름 진지하게 대답도 하고 질문도 곧 잘하는 모습을 보고 '역시 아이가 좋아하는 책으로 해야 하는구나' 하고 생각했다. 특히나 연령대가 어릴수록 본인이 많이 보고 좋아하는 책이 하브루타하기에 최고의 책이다.

두 번째, 이야깃거리가 많은 책이다.

   책의 종류도 다양한 만큼 내용도 다양하다. 어떤 그림책은 아예 글이 없거나 또는 그림보다는 글로 자세히 표현되어 있는 경우도 있다.
   내가 하브루타할 때 선호하는 책은 글과 그림이 적당히 조화를 이루는 책이다. 그림에 모든 내용이 너무 자세히 나와 있거나 글이 모든 내용을 설명하고 결론까지 내리는 그림책은 지양하는 편이다.
   대신 끝을 알 수 없는 열린 결말이나 이야깃거리가 많고 아이들의 연령수준에 맞는 그림책을 선호한다.
   또한 아이들의 영어 수준보다 조금 낮은 수준의 그림책을 고른다.
   하브루타를 하기 위해서는 무엇보다 그림책에 대한 이해도가 중요하다. 아이들이 얼마나 이해하고 관심이 있냐에 따라서 대화가 실어지기도 짧아지기도 한다. 너무 수준이 높거나 아이의 공감을 받지 못하는 그림책은 하브루타하기에 적합하지 않은 책이다.

세 번째, 아이들의 일상의 경험과 연결된 그림책이다.

   주로 책을 읽고 난 뒤 독후활동을 하거나 책과 관련된 체험을 하기도 한다. 간접경험으로 익힌 내용을 직접적으로 경험해보는 것은 아이들에게도 자신만의 것으로 만드는 좋은 과정이다. 하지만 때로는 독후활동을 위한 책읽기도 종종 있기도 하다. 주객이 전도된 느낌이랄까. 도대체 책을 위한 활동인지 활동을 위한 책읽기인지 분간이 어려운 경우도 있다. 물론 독후활동은 훌륭한 교육방식이지만 아이와 독후활동을 위해 게임을 하고 미술놀이나 체험을 하기엔 현실적으로 힘든 경우가 많다. 독후활동을 위해 교구를 만들고 게임을 준비하는 게 나에겐 부담스럽고 그만큼 부지런하지도 못하다.

그래서 나의 경우 아이의 일상의 경험을 책과 연관 지어 이야기 나누는 것을 선호하는 편이다.

아이를 잘 관찰하고 이야기를 들어주다보면 관련 책과 연관시키기는 어렵지 않다. 학교에서 배운 내용에 연관되는 책을 본다든지 바다여행을 다녀와서 바다 관련 책을 보기도 한다.

책을 보다가 현실과 연관을 짓는 것보다 현실에서 먼저 일어난 일을 책으로 연결시키는 쪽이 훨씬 쉽다.

영어 그림책으로 하는
자존감 키우기

나는 내가 자존감이 높은 사람이라 생각하고 살았다. 하지만 육아 우울증을 겪고 자존감이 높은 사람이 아닌 자신감이 있었던 사람임을 깨달았다. 자신감은 "나는 할 수 있어!"라는 마음가짐이다. 노력한 일에 성과가 있었을 때 자신감은 올라간다. 문제는 실패를 하고 역경이 왔을 때이다. 실패를 경험했을 때 설망하고 포기하는 사람은 자신감은 있었을지 몰라도 자존감은 낮다고 볼 수 있다.

하지만 실패가 와도 "못 해도 괜찮아. 난 그대로의 소중한 사람이야. 이 일이 좋은 경험이 될 거야." 하고 생각하는 사람은 자아 긍정감 즉 자존감이 높은 사람이다.

하지만 자신감만 넘치는 사람은 시련이 왔을 때 주저앉아 포기해버리는 경우가 많다. 나 또한 자신감과 자존감을 착각하고 자존감이 높은 사람이라 생각했지만 큰 오산이었다. 나를 아껴주지 못하고 인정해주지 못하는 사람은 절대 자존감이 높을 수 없다. 내가 잘하는 부분, 부족한 부분을 있는 그대로 인정하고 실패를 두려워하지 않고 다시 일어설 수 있는 용기를 가진 사람이 바로 자존감이 높은 사람이다.

우리 아이들의 경우도 마찬가지이다. 자신감이 높은 아이들은 많다. 예를 들어 아이가 반장이 되었을 경우 아이들의 자신감은 상승한다. 물론 순간 자존감도 높아진 것처럼 보일 수 있다. 문제는 반장에 떨어졌을 경우에도 아이가 절망하지 않고 인정하고 다음을 위해 도약하는 마음이 필요하다. 스스로 회복탄력성을 가진 아이들은 자존감이 높은 아이들이다.

참 말은 그럴듯하고 이해가 되는데 도대체 자존감을 어떻게 키울 수 있고 부모의 역할이 뭔지 애매하기 그지없다. 자신감만 키워주면 될 것 같았는데 이제는 자존감에 회복탄력성까지.

정말 부모는 해야 할 일이 너무 많아지는 느낌이다. 그래서 나는 간단하게 생각하기로 했다. 내가 할 수 있는 것들로.

먼저, 아이의 이야기를 듣고 믿어주기.
(물론 그림책 하브루타를 하는 동안 할 수 있다.)
두 번째, 내 맘속 부정이나 의심의 기운이 올라오면 무참히 밟아 버리기.
(나의 수련이 필요한 과정이다. 이때는 책을 찾게 된다.)
마지막으로 모든 신경을 아이에게 집중시키지 않기.

(내 삶은 아이중심으로 돌아가는 것이 아닌 내 중심으로 돌아하는 것이다. 내가 열심히 살면 아이도 보고 배울 거라는 믿음이다)

그리고 아이들에게 자존감을 위해 꾸준히 실천하는 것 중 하나가 그림책 하브루타이다. 내가 책 덕분에 다시 자신감을 갖고 긍정적으로 생각하면서 자존감이 자란 것처럼 우리 아이들에게도 책을 통해 힘을 주고 지지해 주고 싶었다.

하루는 아이가 유치원에서 집에 왔는데 기분이 영 좋아 보이지 않았다.
"오늘 기분이 안 좋아 보이네. 무슨 일 있었어?"
걱정이 되어 아이에게 물었지만 아이는 무뚝뚝하게 대답했다.
"아무것도 아니에요."
하고 내 시선을 피했다. 피곤한가 싶다가도 평소와 다른 모습에 걱정이 되어 다시 물어보았다.
"왜? 엄마한테 이야기해 봐. 네가 기분이 안 좋으니 엄마도 기운이 빠지네."
"말하기 싫어요. 아무것도 아니에요."
하고는 다른 곳으로 가버렸다. 속으로 이런저런 걱정이 들었다.
'무슨 일이 있었나. 이랬던 적이 없는데. 친구와의 문제인가. 선생님한테 혼났나.'
별별 생각이 다 들었지만 아이가 입을 열지 않으니 도통 알 수가 없었다. 그리고 저녁때 유치원 선생님에게 그날 있었던 일을 전해 들었다. 물론 아이가 말을 꺼내기 전까지 아는 체하지 않고 아이가 말하기만을 기다리고 있었다.

잠자리에 들기 전 고심 끝에 고른 자신감 관련 책을 보고 아이와 이야기를 나누었다. 아이가 그림책을 다 볼 때까지도 아무 말도 않고 잠자코 있더니 동생이 잠든 뒤 이야기를 꺼냈다.

"나도 책처럼 이런 적 있었어요. 부끄러울 때요. 영어 선생님이 오늘 단어 물어봤는데 몰라서 속상하고 부끄러웠어요. 그래서 울었어요. 단어를 먼저 말하는 순서대로 줄섰는데 내가 제일 끝이었어요. 선생님이 다음에도 모르면 집에 안 보내준대요."

하루 종일 기분이 좋지 않았던 이유가 바로 그것이었다.

여섯 살 아이들에게 영어 단어를 아는 순서대로 줄을 세운다는 것도 화가 났지만 모르면 집에 안 보내준다는 이야기를 농담이겠지만 아이들에게 서슴없이 한 것도 너무 화가 났다.

여러 가지 생각이 내 마음을 어지럽혔다. 영어를 시켰어야 했나. 너무 아이의 의지만 기다린 건가. 순간적으로 마음이 흔들렸다. 영어를 억지로 시키지 않는 나름의 이유와 목표로 쌓아왔던 것들이 무너지는 것 같았다. 흔들리는 내 마음을 다잡고 아이에게 표시 내지 않고 침착하게 이야기했다.

"모르는 건 부끄러운 게 아니야. 모르는데 아는 척하는 게 정말 부끄러운 거야. 괜찮아. 중요한 건 스스로 솔직한 거야 모르는 건 물어보고 배우면 돼."

아이가 표정이 서서히 밝아지더니 말했다.

"엄마. 아까 전까지는 내가 몰라서 잘못한 줄 알고 엄마한테도 말하기 싫었어요. 그런데 이제 괜찮아요. 모르는 건 부끄러운 게 아니잖아요."

눈물을 참고 아이를 꼭 안아주었다. 아이를 재우고 잠 못 이루는 밤 선생님께 편지를 썼다.

글로 차분히 내 마음을 전달하고 싶었다. 다행히 다음날 원장님의 배려와 현명한 조치로 아이와 선생님도 잘 해결해 나가게 되었다.

만약 그날 그림책을 보고 이야기를 나누지 않았다면 아이는 나에게 이야기를 꺼냈을까?

그림책에게 고마웠다. 아이의 일상과 그림책이 만났고 그림책을 통해 아이의 자존감을 키워줄 수 있겠다고 몸소 느낀 하루였다.

자신감, 자존감 관련 영어 그림책

You are (not) small (by Anna kang)
나는 물론 아이들이 너무 좋아하는 그림책. 간단한 대화체들로 이루어져 있어 초기에 영어 그림책 하브루타 하기 좋은 책이다. 한국계 미국인인 작가 안나 강(Anna Kang)은 미국에서 동양인으로 살면서 어릴 때 작다는 놀림을 많이 받았다고 한다. 자신의 어릴 적 아픈 기억을 그림책으로 재미있게 승화시켜낸 작가. 진정 자존감이 높은 사람이 아닐까 하는 생각이 든다.

From head to toe (By Eric Carle)
이 책을 좋아하지 않는 아이들을 찾기 힘들 정도로 아이들에게 인기가 많은 책. 존경하는 동화작가 에릭 칼의 작품이다. 대부분의 아이들이 브라운 베어 배고픈 애벌레 등 에릭 칼의 작품으로 영어 그림책을 시작한다고 해도 과언이 아닌 우리나라에서도 유명한 작가와 작품들.
이 책에서 반복적으로 나오는 문장 "I can do it!!" 이 말을 여러 번 외치는 것만으로도 자신감이 생기는 듯한 느낌. 아이들과 책의 내용 이외에 할 수 있는 것들에 대해 이야기 해보기 좋은 책이다.

Ticth (By Pat hutchins)

너무 사랑스러운 아이가 표지에 해맑게 웃고 있다. 글밥이 많지 않아 영어 그림책 하브루타를 시작하기에 좋은 책이다. 땅꼬마라는 뜻을 가진 Titch는 형이나 누나보다 키도 작고 가진 것도 대단하지 못하다. 하지만 본인이 가지고 있던 작은 씨앗 하나가 점점 크며 자라는 것을 보며 희망을 가진다. 아이들과 지금은 하지 못하지만 나중에 할 수 있는 것들에 대해 이야기해보기 좋은 책이다.

The Dot (By Peter h. Reynolds)

개인적으로 내가 너무 좋아하는 책이다. 아이의 자신감을 심어주기 위한 선생님의 센스가 돋보이는 책. 나도 저런 엄마, 선생님이 될 수 있을까? 하는 생각을 하며 많이 배운 책. 아이들뿐 아니라 어른들을 위해서도 좋은 영어 그림책이라는 생각이 들었다.

I used to be afraid (By Peter h. Reynolds)

예전에는 무서웠지만 그 자체를 인정함으로써 극복해나가는 과정이 담긴 책. 아이와 함께 예전엔 무서웠지만 지금은 괜찮은 것에 대해 말해보기도 하고 지금은 무섭지만 앞으로는 괜찮아질 거라는 희망을 주기도 할 수 있다. 자아 긍정감을 심어주기에 좋은 책이다.

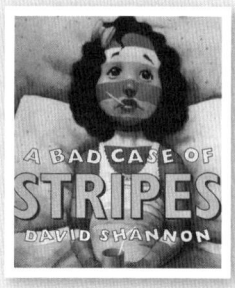

A bad case of stripes (줄무늬가 생겼어요)
(By David Shannon)

주인공인 소녀는 주변의 신경을 너무 많이 쓰느라 자신의 주관을 가지기가 힘들다. 몸에 줄무늬가 생기면서 자기만의 모습을 찾아가려 용기를 내는 소녀. 다른 사람을 위한, 다른 사람처럼이 아닌 자신만의 모습을 소중히 생각하게 만들어 주는 책. 글밥이 많은 편이라 고학년이나 성인들과 하브루타 하기 좋은 책이다.

I like myself (By Karen Beaumont)

아이들의 자존감을 위해 고른 책인데 내가 읽고 더 위로를 받은 것 같다.
다른 사람이 어떻게 생각하고 뭐라고 말하든 상관없이 스스로를 아끼는 주인공. 엄마의 자존감을 위해서도 좋은 책이다.

자신감, 자존감을 위한 아이들과의 하브루타 질문

네가 잘하는 건 뭐가 있을까?

네가 잘 못하는 건 뭐가 있을까?

잘할 때와 못할 때의 느낌은 어떻게 다를까?

잘 못하는 것을 잘하게 되었을 때의 기분은 어떨까?

(실패 후 다시 성공했을 때는 어떤 기분이 들까?)

너는 언제 자신감이 생기니?

스스로를 존중한다는 건 어떤 느낌일까?

네 자신을 스스로 칭찬하고 싶을 때는 언제였어?

자신감, 자존감으로 이야기할 때 영어 질문들

Do you love yourself?(너는 네 자신을 사랑하니?)

What are you good at?(네가 잘하는 건 뭐가 있을까?)

How do you feel when you fail?(실패했을 때 기분이 어떠니?)

When do you feel confident?(언제 자신감이 생기니?)

When do you want to praise yourself?(언제 너를 스스로 칭찬하고 싶니?)

영어 그림책으로 하는
나를 알아가기

아침부터 아이에게 화를 내고 말았다. 매일 아침 늑장을 부리는 첫째를 보면 속이 부글부글 거린다. 더군다나 오늘은 오전에 중요한 약속이 있는 날이다. 조금 일찍 일어나 준비를 다하고 아이들 아침을 먹였다.

역시나 첫째는 세월아~내월아~ 천천히 책도 봤다가 동생이랑 이야기도 했다가 아침식사를 여유 있게 즐기고 있었다.

"오늘 엄마 약속 있어. 일찍 나가야 하니 좀 서둘러서 먹고 나가자."

물론 처음에는 교양 있게 이야기했다.

밥을 겨우 다 먹고 양치할 생각을 안 하고 그림을 그리고 있을 때 교양은 이미 탈출하고 마음속에 분노만이 자리 잡고 있었다.

"몇 번을 말했니! 준비 좀 하라고! 너는 매일 아침마다 왜 그러니? 엄마도 진짜 잔소리하기 싫어!

아침부터 이렇게 소리 지르고 기분 안 좋게 시작해야겠니?"

"…."

어깨가 축져져서 가는 아이의 뒷모습을 보니 마음이 안 좋았다.

'아…아침엔 그래도 기분 좋게 보내야 했는데….'

온종일 마음이 찜찜하고 좋지 않다.

'아…, 한번만 더 참을걸…. 내가 왜 그렇게까지 화를 냈을까? 첫째가 좀 느린 건 오늘뿐만이 아닌데.'

내 마음이 바빠서 화가 났던 것이다. 내 약속 때문에 아이를 다그쳤다. 후회를 해도 이미 늦었다.

'진작 내가 내 마음이 급해서라는 걸 알았다면 어땠을까. 한번은 더 참을 수 있었을 텐데.'

라는 생각이 들었다.

때로는 아이에게 불같이 화를 내고 아이 때문이 아닌 내 문제 때문이라는 것을 느끼면 마음속에 화는 사라지고 아이에게 한없이 미안해진다.

종종 내가 화를 내면서도 왜 화를 내는지 모를 때가 많다. 행복할 때나 슬플 때나 특히 짜증이 날 때도 마찬가지이다. 성숙한 어른이라는 사람이 내 감정을 정확하게 인지하지 못하고 상황 탓으로 돌릴 때가 많다.

우리는 어릴 때부터 자신의 감정을 남에게 잘 드러내지 않고 속으로 참고 기다리다 보면 좋은 일이 생길 거라는 믿음이 있었다. 부모님과 사회의 가르침이기도 했다.

물론 참을 땐 참고, 기다릴 땐 기다릴 줄 아는 것도 능력이다. 하지만 적어도 내 기분이 왜 그런지 감정을 스스로 인지는 해야 하지 않을까. 내 감정을 인지하는 것만으로도 마음이 편안해질 때가 있다.

성인이 되어도 내가 무엇을 좋아하는 사람인지 내가 어떤 상황에서 화를 내고 기뻐하는지 모르는 경우가 많다. 표현을 한다고 해도 아주 간단하고 명료하게 마무리 지을 수 있다. 자신의 감정인지수준이 낮을수록 표현이 제한적인 경우가 많다.

"좋아."

"안 좋아."

"뭐…그냥."

아이들도 마찬가지이다. 아이들을 위해 마음먹고 모처럼 외출해서 내가 더 들떠서 아이에게 물어보면,

"오늘 기분이 어때? 여기 오니까 어때?"

"좋아요."

끝.

부모 입장에서도 좋다고 하니 뭐 딱히 할 말은 없는데 뭔가 허무한 감정이 들기도 할 때가 있다. 적어도 우리 아이들에게는 자신에 대한 감정표현과 성향에 대해 일찍 알아 갔으면 좋겠다. 무엇을 좋아하는지 무엇을 할 때 신이 나는지 난 어떤 사람인지에 대한 생각을 끊임없이 했으면 좋겠다. 이런 과정을 통해 있는 그대로의 내 모습을 인지하고 이해하다 보면 아이들의 자존감도 함께 자랄 것이다. 자존감을 위해서라도 자신의 감정을 솔직하고 당당하게 표현하고

인정하는 과정이 있어야 한다. 그래서 나는 아이들에게 감정표현에 대한 그림책으로 하브루타를 자주 하는 편이다.

첫째가 동생에게 한참 시샘을 할 때 아이와 감정관련 그림책을 보았다. 아이와 책을 보고 한창을 이야기 나누고 나서 아이가 이야기 했다.
"엄마. 엄마가 동생이랑만 놀면 엄마도 밉고 동생도 미울 때가 있어요. 그런데… 그게 책 속에 아이처럼 내 마음속에 질투가 있어서 인가 봐요."
아이들도 마찬가지이다. 본인이 왜 화가 나는지 아는 것만으로도 기분이 풀어질 때가 있다. 누가 화를 풀어주는 것이 아니라 스스로 본인의 감정을 추스르는 과정이다. 어릴 때부터 이 과정이 습관화되면 아이가 어떤 상황에서도 감정을 인지하고 다른 이에게 쉽게 흔들리지 않는 아이가 되지 않을까.
성인이 되어 열심히 살고 있고 최선을 다해 살았지만 시간이 지날수록 공허함을 느끼는 건 그 때문이 아닐까 하는 생각이 들었다. 적어도 우리 아이들은 스스로를 잘 알고 스스로를 이해하고 사랑하는 아이가 되었으면 좋겠다.

나를 알아가는 영어 그림책

How do you feel?(기분이 어때?)
(By Anthony Browne)

아이도 엄마들도 좋아하는 앤서니 브라운 작품. 문장이 간단하고 그림 표현이 잘되어 있어 어린아이들과 하브루타 하기에도 좋은 책이다.

The way I feel (By Janan cain)

두 딸의 엄마인 작가 재넌 캐인 역시 아이들의 감정표현 관련 그림책이 없음을 알고 스스로 두 딸을 모티브로 하여 엮어낸 책. 개인적으로 이 책을 애정한다. 책의 마지막 문구가 나의 마음을 울렸다.

Feelings come and feelings go.
I never know what they'll be.
silly or angry, happy or sad-
They're all a part of me!
느낌이란 찾아왔다가는 사라져버려.
어떤 느낌이 찾아올지는 미리 알 수가 없지.
멋쩍거나 화가 나거나 행복하거나 슬프거나-
이건 모두 다 나의 기분, 나의 일부분!

Color me Happy! (By Shen Roddie Ben Cort)

감정을 색깔로 표현한 그림책. 그림이 귀여워서 아이들에게 인기가 많은 책이다.
이 책을 보면서 감정을 색깔이나 모양 그리고 날씨에 표현해보는 하브루타를 해보기 좋다.

When Sopie get angry, really really angry (By Molly Bang)

표지만 봐도 아이가 많이 화난 게 느껴진다. 개인적으로 너무 좋아하는 책인데, 동생과 엄마 때문에 화가 난 소피는 스스로 화를 푸는 과정이 담겨져 있다. 너무나 사랑스러운 소피.
스스로 자신의 감정을 극복해나가는 과정이 담겨 있어 더욱 의미 있게 느껴진다.

I like me (By Nancy Ccarlson)

스스로를 소중히 여기고 자신을 사랑하는 마음이 담긴 예쁜 그림책. 자신의 슬픈 감정을 극복하는 것도 실수를 헤쳐 나가는 것도 너무나 사랑스러운 주인공. "I like me!"라고 외치는 것만으로도 자아 존중감이 올라가는 듯한 느낌이 든다.

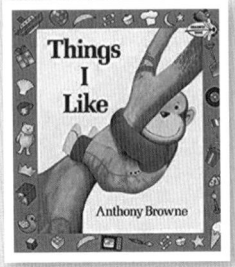

Things I like (By Anthony Browne)
역시나 존경하는 앤서니 브라운 작가의 작품. 책을 넘길 때 마다 아이들이 "나도 나도 좋아해."하며 좋아했던 그림책. 내가 무엇을 좋아하는지 표현하기에 좋은 그림책.

나를 표현하는 하브루타 질문

네 마음을 색깔이나 모양으로 표현한다면?
너는 언제 기분이 좋을까? 언제 화가 날까?
화(슬픔 기쁨)가 나는 감정은 왜 생기는 걸까?
네가 화가 났을 때 스스로 화를 푸는 방법이 있을까?
네 마음속에는 몇 가지 감정들이 있을까?
감정이 없다면 어떨까?
네가 좋아하는 것과 싫어하는 것은?
화가 날 때 스스로에게 해주고 싶은 말은 뭐가 있을까?
힘들고 지칠 때 스스로에게 해주고 싶은 말은?

나를 표현하는 영어 질문들

How do you feel today?(오늘 기분이 어때?)

When do you feel good?(언제 기분이 좋아?)

When do you get angry?(언제 화가 나니?)

What do you like?(네가 좋아하는 것은?)

What you don't like?(네가 좋아하지 않는 것은?)

What color is your feel?(너의 느낌은 무슨색깔이니?)

영어 그림책으로 하는
가족 이야기

육아서를 보다보면 최고의 교육은 역시나 화목한 가정을 꼽는다. 다정한 부부관계 속에서 아이들은 안정감을 느끼고 행복감을 느낀다.

백만 번이고 맞는 말이지만 현실적으로 언제나 사이좋은 부부관계를 아이들 앞에서 보여주기란 쉽지 않다. 아이들 앞에서 때로는 다툴 수도 있고 의견이 안 맞아 큰소리로 이야기하는 경우도 있다. 그래선 안 되지만 남편과 싸운 날엔 아이들에게 불똥이 튀는 경우도 종종 있다. 그런 경우엔 나는 감정을 좀 추스르고 나서 아이들에게 솔직하게 이야기하고 사과한다.

"엄마가 기분이 안 좋아서 너한테 기분 안 좋게 말했네. 너 때문이 아닌데… 미안해."

아이들 앞에서 최대한 참고 노력하지만 어쩔 수 없이 다툴 경우도 있다. 그럴 땐 남편 뒤통수만 뚫어지게 쳐다보며 참는 것보다 오히려 잘 싸우고 잘 화해하는 모습을 보여주려 한다.

그래서 남편과 말다툼이 있는 날엔 내 의견을 충분히 전달하고 나서 아이들에게 잊지 않고 하는 한 가지가 있다. 아이들 앞에서 화해하는 모습을 꼭 보여주는 것이다. 어제까지 분명 엄마 아빠 사이가 안 좋았는데 자고 일어나니 괜찮아져 있는 모습에 아이들은 혼란스러워 한다. 같은 일이 있을 경우 아이는 더욱 더 눈치를 보게 된다.

부모의 못난 모습을 감추거나 드러내는 것을 겁내하지 않고 솔직하게 이야기하려고 노력하는 편이다. 부모가 부족한 모습을 감추는 것보다 드러내 인정하고 고쳐 나가려는 모습을 보여주는 것이 더욱 중요하다고 생각한다.

한번은 남편과 주방 전등 문제로 다툰 날이 있었다. 남편은 안전을 위해 보기 싫은 곳에 설치를 원했고 나는 내가 사용하는 주방이니 원하는 곳에 설치하기를 원했다. 그렇게 서로의 의견만 수상하다가 분위기가 냉랭해졌다.

조금 뒤 첫째가 와서 말했다.

"엄마. 이번엔. 엄마가 좀 잘못 생각한 거 같아요."

항상 내편을 들던 첫째가 아빠 편을 드니 내심 섭섭했지만 이야기를 끝까지 들어봐야겠다고 생각했다.

"왜? 엄마는 엄마가 쓰는 주방을 엄마 원하는 대로 하고 싶어."

아이가 내 말을 듣더니 말했다.

"엄마 마음도 이해는 가요. 하지만 안전이 더 중요한 거잖아요.

엄마가 쓰는 주방이지만 우리가 지나가다가 전등이 떨어지면 우리가 다칠 수 있잖아요. 우리가 다치면 병원 가야 하고, 그러면 엄마도 속상하잖아요."

"그…그렇네…."

순간 말이 막혔다. 때로는 아이가 나보다 더 이성적일 때가 있다. 아이는 부모의 사소한 다툼에 눈치를 보고 숨죽이고 있었던 것이 아니라 무슨 일인지 주의 깊게 듣고 스스로 논리적인 판단을 하고 있었다.

"맞아. 네 말이 맞네. 이번엔 엄마가 생각이 짧았어."

쿨 하게 인정했다. 그리고 남편에게 가서 진심으로 사과했다.

"우리 첫째 이야기를 들어보니 내가 생각이 짧았네요. 안전이 더 우선인데 내 생각만하고 우겨서 미안해요."

그렇게 우리부부는 첫째 덕분에 화해를 했고 첫째는 뒤에서 흐뭇한 미소를 짓고 있었다.

형제자매, 친구와도 마찬가지이다. 난 아이들에게 무조건 싸우지 말라는 말을 하지 않는다. 잘 싸우는 게 중요하며, 더 중요한 건 잘 화해하는 거라고 말한다. 그래서 첫째와 둘째가 싸울 때 폭력이 들어가지 않은 이상은 잘 개입하지 않는다.

때로는 싸우다가 엄마에게 달려와

"엄마~ 누나가~."

"엄마~~ 동생이~~."

하고 이를 때가 많다.

"그래서 속상하겠다. 근데 너희 일은 너희가 스스로 해결했으면 좋겠어. 둘이 이야기해보고 그래도 안 되면 엄마한테 도움을 구해." 라고 이야기한다.

대부분은 둘이 놀다가 웃어버리거나 언제 싸웠냐는 듯 아무렇지 않게 놀 때가 많다. 엄마가 개입하지 않으니 스스로 문제를 해결하는 방법도 나날이 늘어가는 것 같다.

엄마가 개입하는 순간 한쪽은 억울한 마음이 생길 수밖에 없다. 특히나 맏이의 경우는 더욱 그렇다. 나는 이제껏 첫째에게 단 한번도 이런 말을 사용하지 않았다.

"네가 누나니까 이해해! 네가 나이가 많으니 양보해."

나는 어른에 대한 예절을 제외하고 서열로 의무만을 강요하는 일은 일어나지 않길 바란다. 본인이 선택하지 못한 것에 대한 무거운 책임감을 아이에게 평생 쥐여주고 싶지 않다.

가족. 가족은 아이들에게 어떤 의미일까?

서로가 바쁜 생활을 하면서 가족이 모두 모여 하루에 식사 한 끼 하기도 힘든 게 현실이다.

유대인들은 유대인의 저력은 바로 가정교육에서 나온다는 믿음으로 가족과 함께하는 시간을 중요하게 생각한다. 아무리 바쁘더라도 매주 금요일 저녁 가족과 함께하는 안식일은 챙긴다. 종교적인 절차가 있기도 하지만 안식일에 가족들이 모두 모여 서로의 이야기를 주고받는다. 아이들은 편안한 분위기에서 부모에게 고민이나 속마음을 이야기하며 집 밖에서 받은 상처와 스트레스를 치유한다.

우리나라에서도 밥상머리 교육이 다시 대두되고 있는 가운데 밥상머리 교육의 중요성과 장점들은 충분히 이해가 간다. 하지만 현실적으로 밥상머리 교육을 할 시간이 부족한 것도 사실이다. 나의 경우 가족 간의 시간이 부족할 경우에는 그림책 하브루타를 통해 가족의 이야기를 많이 하려 노력한다.

아빠가 무엇을 좋아하는지, 엄마의 꿈은 뭔지, 아이들의 관점에서 바라보는 부모가 아닌 아빠라는 사람, 그리고 엄마라는 사람에 대해 생각할 시간을 가지도록 노력한다. 형제자매에 대해서도 나의 동생 나의 누나가 아닌 아이 그 자체로 이야기해보고 알아가는 시간을 가지기도 한다.

가족 간의 이해가 생기다 보면 서로에 대한 존중도 자연히 생기게 마련이다. 서로에 대한 배려심과 애정이 더욱더 자랄 수 있다. 또한 가족에 대한 긍지와 자부심이 자존감의 바탕이 되는 중요한 요인이기도 하다.

가족은 어떤 상황에서도 언제나 조건 없이 너를 사랑하고 응원하는 지원군임을 아이들이 안다면 얼마나 든든하고 행복할까? 그 힘으로 어려움이 와도 이겨낼 수 있지 않을까.

그림책을 통해 가족의 사랑에 대해 이야기를 나누고 서로를 이해해나가는 과정이 우리 가정은 물론 아이의 자존감에 큰 힘이 된다. 가족끼리 이야기를 나누며 함께 만든 추억들이 모여 아이들이 앞으로는 살아가는 데 있어서 힘들 때마다 지켜주는 든든한 버팀목이 될 것이다.

가족에 대한 영어 그림책

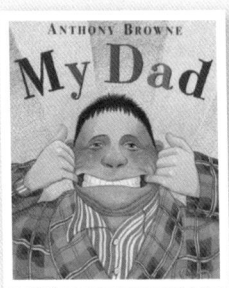 

My Mom & My Dad (By Anthony Browne)

앤서니 브라운 작가의 너무나 유명한 작품들. 번역본이 많이 나와 있지만 원서로도 읽어보고 아이와 엄마, 아빠에 대해서 이야기 나누어 보고 엄마 아빠에 대해 알아가는 시간을 가져보기에 안성맞춤인 책이다..

Piggybook (By Anthony Browne)

역시나 앤서니 브라운의 작품. 아이들이 이 작품을 보면서 엄마를 좀 더 이해하는 시간이 되었으면 한다.

엄마 입장에서는 읽는 것만으로도 약간의 통쾌함을 맛볼 수 있는 책이다.

Love you forever (By Robert Munsch)

나를 다시 그림책으로 빠지게 만든 책이다. 아이의 성장 과정과 부모의 변하지 않는 사랑이 그대로 담겨져 있다. 엄마를 위한 영어 그림책으로 강추!

Mama, Do you love me? (By Barbara M.Joosse)

아이들은 항상 엄마의 사랑을 확인하고 싶어 한다. 그런 아이들의 마음이 고스란히 담긴 책이다. 그림책을 통해 엄마의 사랑을 확인하고 표현해보기 좋은 책이다.

Guess How much I love you (By Sam McBratney)

아빠의 사랑이 담긴 너무나 사랑스러운 책이다. 아빠가 얼마나 아이를 사랑하는지 표현하는 방식이 재미있다. 이 그림책만은 아빠와 함께 이야기를 나눠 봤으면 하는 바람이 든다.

Papa, please get the moon for me (By Eric care)

딸을 위해서라면 별도 달도 다 따줄 수 있는 딸 바보 아빠 이야기이다. 달을 따기 위해 노력하는 아빠의 사랑이 담긴 책이다. 달의 변화과정에 대해 이야기 나눠도 좋은 책이다.

Wait (By Antoinette Poris)

엄마를 뜨끔하게 만드는 책. 다시 한 번 아이의 시선으로 볼 수 있게 만들어 주는 책이다. 책을 읽고 아이의 입장과 엄마의 입장에 대해 이야기 해보기 좋은 책이다.

가족에 대한 하브루타 질문들

엄마 아빠는 너를 얼마나 사랑할까?

엄마 아빠가 너를 사랑한다고 느낄 때는 언제야?

너는 엄마 아빠 그리고 형제자매를 얼마나 사랑하니?

엄마가 없는 하루를 보낸다면 어떨까?

엄마 아빠가 좋아하는 것은 무엇이 있을까?

엄마 아빠의 꿈은 무엇일까?

네가 엄마와 바꾼다면 어떨까?

네가 아빠와 바뀐다면 어떨까?

형제자매가 있어 좋은 점은 뭘까?

형제자매가 있어 안 좋은 점은 뭘까?

동생(언니, 오빠, 형)이 사라진다면 어떨까?

동생(언니, 오빠, 형)이랑 내가 바뀐다면 어떨까?

엄마 아빠를 다른 사람과 바꾸고 싶다면 어떻게 바꾸고 싶을까?

가족이 없다면 어떨까?

가족은 왜 필요할까?

가족이 좋은 이유는 무엇일까?

가족에 대한 영어 질문들

How much do you love me?(얼마나 나를 사랑하니?)

Why do you need a family?(왜 가족이 필요할까?)

Why is my family good?(우리 가족이 왜 좋을까?)

What is mom's(dad's) favorite thing?(엄마(아빠)가 좋아하는 것은 뭘까?)

What if you were a mom(dad)?(네가 엄마(아빠)가 된다면?)

What if changed it with your brother?(네가 동생과 바뀐다면?)

영어 그림책으로 하는
친구 이야기

엄마가 나에게 종종 이야기하셨다.

"지금 고민이 큰 거 같지? 아이들이 크면 클수록 더 큰 고민이 생긴다."

그 말뜻을 아이들이 어렸을 땐 이해하지 못했다. 오히려 좀 커서 스스로 할 수 있는 일이 많아졌으면 좋겠다고 생각했다.

아이들이 자신만의 사회생활을 시작하면서 서서히 엄마의 말이 와 닿기 시작했다. 특히나 아이의 친구들 관계에서 엄마의 역할이 무엇인지 도대체 어디까지 개입해야 하는 건지 고민을 많이 했었다.

'아이들만의 사회생활은 그들만의 리그지. 부딪히면서 스스로 깨닫고 모가 깎이면서 배워나가겠지.'

라고 생각하며 엄마가 할 수 있는 것은 아이에 대한 믿음이 제일 크다고 생각했다. 엄마의 개입이 오히려 일을 더 키울 수도 있다는 생각이 많았다.

특히나 여자아이들의 경우 미묘한 질투심과 신경전이 많아 엄마들도 함께 예민해지는 경우가 있다. 엄마가 예민하게 반응을 하면 아이들은 엄마가 반응한 부분에 대해 더 많은 이야기를 하고 엄마의 관심을 받으려 한다. 그러다 보면 아이에게 별일이 아니었던 것이 엄마의 예민한 반응으로 인해 큰일이 되는 경우가 종종 있다.

평정을 유지하려 하지만 가끔씩 다른 엄마들에게서 들려오는 우리 아이에 대한 부정적인 말들이 나를 흔들어 놓을 때도 있었다.

'다른 엄마들이 내가 너무 방관한다고 생각하진 않을까? 우리 아이를 나쁘게 평가하고 다니진 않을까?'

이런 생각에 잠 못 이룬 적도 있었다. 물론 아이가 잘못한 부분에 있어서는 아이에게 이야기도 나누고 충고를 하기도 했지만 어느 선까지 개입해야 하는지 고민이 될 때도 많았다.

그럴 때면 역시나 답답한 마음을 책을 통해 답을 찾기도 한다.

책을 통해 다시 한 번 나의 마음을 다잡고 다짐했다.

'내 아이는 내가 믿어야지! 그게 제일 중요한 거야!'

어떻게 하면 우리 아이가 친구를 배려하면서도 자신의 의사표현을 정확히 하고 성격이 좋은 아이로 키울 수 있을까? 하는 고민은 내내 나를 따라 다녔다.

어느 순간 깨달았다. 이 또한 나의 크나큰 욕심이었음을.

아이의 기질에 따라 자신을 표현하는 방법도 친구를 생각하는 깊이도 다르다. 그리고 아이들은 끊임없이 변화한다. 말 좀 잘 듣나 싶으면 어느새 말대꾸하고 다시 착해졌나 싶으면 입을 다물어 버리기도 한다. 현재 내가 보는 아이의 모습이 영원히 지속되는 것도 아니다. 그래서 나는 길게 보기로 마음먹었다.

현재의 사소한 일로 내 아이를 판단하고 걱정하지 않기.

지나가는 과정이라 생각하기.

그러고 나니 마음이 한결 편해졌다. 내가 할 수 있는 나의 역할은 아이의 마음을 믿어주고 아이의 말을 들어주고 대화를 통해 스스로 느껴지도록 하는 것까지.

엄마가 다른 사람들의 이야기들로부터 흔들리지 않고 단단해져야 아이도 단단해질 수 있을 거라 생각했다. 그리고 그림책으로 하는 아이와의 대화를 통해 아이의 공감 능력을 키우고 상대방을 배려하고 자신도 아낄 수 있는 마음이 커질 거라 믿었다. 다행히 아이는 그림책을 통해 친구에 관한 속마음을 털어놓기도 하고 학교생활에 대한 이야기를 하기도 했다.

그림책을 통해 아이의 속내를 듣고 이해하는 과정이 아이에 대한 믿음을 키워나가는 과정이었다. 무턱대고 아이를 믿으라고만 하면 믿을 구석이 잘 보이지 않는다. 하지만 그림책을 통해 아이의 입장에서 이야기를 많이 듣다보면 성향이 이해가 되고 믿음도 생기기 시작한다.

아이에 대한 믿음은 절대 배신하지 않지만 아이에 대한 의심은 종종 배신하기도 한다. 의심하는 마음보단 아이를 믿는 마음을 키울 수 있는 방법은 그림책을 통해 하는 아이와의 대화이다.

그림책 하브루타를 통해 내 아이를 더 이해하고 믿음이 커지는 시간이 많아질수록 더 따뜻하고 단단한 아이가 되리라 믿는다.

친구, 학교생활, 배려에 관한 영어 그림책

My friends (By Taro Gomi)
일본 작가 타로코미의 작품. 이 책을 읽고 친구에게 무엇을 배울 수 있을지에 대해 물어보고 친구의 장점에 대해 이야기도 하고 자신의 장점에 대해 이야기 해보기 좋은 책이다.

I'm sorry (By Sam McBratney)
《Guess how much I love you》의 작가 샘 맥브래트니의 또 다른 작품이다. 친구와 신나게 놀 때 너무 행복하다가도 싸우고 토라지면 속상한 마음이 잘 표현되어 있는 책이다. 화해하는 과정도 다시 잘 지내는 과정까지 담긴 아이들의 그림이 예쁜 그림책이다

Yo! Yes? (By Chris Raschka)
친구를 사귀는데 긴 말이 필요 없다는 걸 재미있게 표현한 그림책이다. 문장이 짧아 부담 없이 아이랑 읽고 이야기 나누기 좋은 책이다. 인종이 다르지만 쿨 하게 친구가 될 수 있고 서로 다르지만 친구가 되는 건 어려운 게 아니라는 의미가 담긴 책이다.

The chick and the ducking (By Mirra Ginsburg)

오리의 행동을 그대로 따라하는 따라쟁이 병아리 이야기이다. 때로는 나도 친구의 멋진 모습을 따라 하고 싶지만 못할 때가 많다. 하지만 자신의 모습 그대로도 가치가 있고 친구와 나는 다름을 인정해나가는 과정에 대해서 이야기하기 좋은 책이다.

I'm the best (By Lucy Cousins)

메이지시리즈의 작가 루시 커진스의 작품이다. 친구들에게 '내가 최고야'라고 자랑을 하고 다니지만 아니라는 사실을 깨닫고 실망하는 강아지. 하지만 친구들의 힘과 용기를 얻고 따뜻하게 마무리 된다. 나뿐만 아니라 친구들의 장점과 소중함을 깨닫게 해주는 책이다.

I need a hug (By Aaron Blabey)

안기고 싶은 고슴도치. 하지만 친구들은 가시가 뾰족한 고슴도치를 안아주지 않고 도망가기 바쁘다. 친구들의 단점이 있어도 안아줄 수 있는 넓은 마음에 대해 이야기하기 좋은 책이다.

The rainbow fish (By Marcus Pfister)
우리나라에서도 너무나 유명한 무지개 물고기 그림책. 책을 읽고 나서 친구에 대한 나눔과 배려에 대해 이야기해 보기 좋은 책이다.

친구에 대한 하브루타 질문들

너는 어떤 친구가 좋아?
친구들은 너를 어떤 친구로 생각할까?
친구 때문에 속상했던 적은 언제일까?
친구 덕분에 기뻤던 적은 언제일까?
친구에게 배우고 싶은 것들은 어떤 것이 있을까?
친구와 싸웠을 때 네 마음은 어떠니?
친구와 싸웠을 때 어떻게 화해할 수 있을까?
친구를 배려하는 마음은 어떤 행동일까?
친구가 없다면 어떨까?
친구는 너에게 어떤 존재 일까?

친구에 관한 영어 질문들

Can you tell me about your friends?(네 친구에 대해 이야기 해줄래?)

What kind of friend do you like?(어떤 친구를 좋아하니?)

Why do you like your friends?(왜 친구를 좋아하니?)

When do you hate your friends?(언제 친구들이 싫어지니?)

When are you happy with your friend?(친구랑 언제 행복하니?)

영어 그림책으로 하는
자연 이야기

　우리 가족은 캠핑을 자주 하는 편이다. 캠핑을 처음부터 좋아하진 않았다. 캠핑 전 이삿짐 챙기듯 짐을 싸야 했고 또 다녀와서는 정리하는데 반나절 이상이 걸리기도 했다. 준비할 때나 뒷정리가 지칠 때면 시설이 좋은 리조트나 호텔에 가서 우아하게 머물다 오고 싶은 생각이 굴뚝같았다. 하지만 막상 자연 속에서 물소리나 자연의 소리를 들으며 불멍(캠프파이어)을 때릴 때면 세상을 가진 듯 행복하고 여유롭기도 했다.

　내가 캠핑을 좋아하게 된 가장 큰 한 가지, 아이들의 변화하는 모습 때문이었다.
　아이들이 행복해하는 모습을 보면서 뿌듯해하며 몸은 힘들지만 시간이 날 때마다 캠핑을 하려고 노력한다.
　가장 많이 변화한 건 첫째였다.

어릴 때부터 낯을 좀 가리고 처음 보는 아이와 쉽게 친해지지 못하는 성격이었다. 낯선 환경에서는 껌딱지처럼 나에게 붙어 있었다. 본인이 상황파악이 되기 전까지는 절대 움직이지 않았다.

그러던 아이가 캠핑장을 마음대로 돌아다니며 물놀이며 산책이며 겁내지 않고 즐기기 시작했다. 내가 보기엔 아무것도 놀 거리가 없어 보이는데도 아이들은 돌멩이 하나, 나뭇잎, 나뭇가지, 흙만으로도 자기만의 놀이에 푹 빠져 시간가는 줄 몰랐다.

가장 큰 변화는 처음 보는 아이와도 거리낌 없이 노는 것이었다. 엄마나 아빠가 없어도 캠핑장에 있는 아이들과 우루루 몰려다니며 이 텐트 저 텐트를 옮겨 다니면서 간식을 얻어먹고 놀다오기까지 했다. 처음 한두 번은 마음에 맞는 친구를 만나 잘 노는가 보다 하고 우연이라고 생각했다. 하지만 캠핑을 갈 때마다 내가 아는 아이의 모습과는 다른 모습이 보았다. 처음 보는 친구, 동생들, 언니 오빠들과 잠자리도 잡으러 다니고 나뭇가지를 뜯어 사기들만의 집도 만들었다. 첫째가 낯을 가리지 않고 망설임 없이 활기차게 노는 모습에 신기할 따름이었다. 덕분에 캠핑장에서 남편과도 대화할 시간이 생기기도 했다. 남편과 아이의 변화에 대해서 이야기하다가 아이가 변한 이유를 조금이나마 알게 되었다.

어른들도 자연 속에 있으면 모든 것이 평화롭고 여유롭게 느껴진다. 닫혀 있던 마음이 열리기도 하고 내속에 없었던 관대함과 대담함이 나오기도 한다. 바다와 산을 가만히 보고 있으면 마음이 편안해지면서 몸과 마음이 깨끗하게 씻기는 느낌마저 든다.

자연은 우리에게 쉼과 여유를 주고 우리를 품어준다. 아이들도 자연에 있으면 우리처럼 여유를 느끼는 것 같았다. 마음이 편안해지니 낯선 친구와도 빨리 친해지고 함께 자연에서 뒹굴 수 있지 않을까.

자연에서 맘껏 뛰어 노는 것. 그것은 아이들에게 말로는 표현할 수 없는 큰 행복과 깨달음을 주는 게 아닐까. 내가 자연의 일부분이고 자연이 우리를 따뜻하고 넓은 엄마의 마음으로 아이들을 품어준다는 생각이 들었다.

여러 책에는 아이의 창의력을 위해서 어릴 때일수록 자연을 사랑하도록, 자연과 친해지는 아이가 되기를 권유한다.

우리가 노력하지 않아도 이미 아이들은 자연에 대한 호기심이 가득하다. 벌레 한 마리 나무 한 그루를 보고도 신기해하고 만지고 느끼고 싶어 한다. 단지 우리가 아이들의 호기심을 맘껏 채워주지 못할 뿐이다. 되도록 많이 자연에서 뛰어 놀도록 하고 싶지만 현실적으로 힘든 경우가 많다.

그래서 전부터 고민하고 원하고 원했던 일을 하기로 결심했다. 바로 아이와 제주 한 달 살기.

첫째가 학교에 입학하기 전 해에 제주에서 아이들과 한 달을 살았다. 일어나고 싶을 때 일어나서 산책하고 바닷가 가서 아이들이 놀고 싶을 만큼 놀고 계곡에 가서 신발이며 옷이며 다 젖도록 놀았다. 시간에 쫓기지 않고 아이가 원하는 만큼 자연을 즐기게 해주고 싶었다.

집에서는 층간소음 때문에 뛰지 말라고 그렇게 말했는데 제주 가서는 맘껏 뛰라고 말하는 내가 좋은 엄마가 된 것 같았다.

아이들은 아직까지도 제주도생활 이야기를 많이 한다. 너무 행복했었다고. 달팽이랑 노는 게 좋았고 바닷가에서 조개껍질과 돌멩이를 줍고 모래놀이 하는 게 좋았고. 반딧불이를 볼 수 있어 좋았고. 계곡에 신발이 젖어도 괜찮다고 말해주는 엄마가 좋았고. 무엇보다 맘껏 뛸 수 있어 행복했다고 말한다.

한 달 살이 후 아이들은 목소리가 더 커졌으며 담대해짐을 느낄 수 있었다.

자연이 아이들을 품어주니 아이들도 더 넓어진 마음과 더 큰 용기가 생긴 것 같았다.

제주 한 달 살기 숙소를 구하면서 가장 고려했던 사항이 바로 도서관이 근처에 있는가였다. 다행히 도서관 근처에 숙소를 구했고 아이들과 자연에서 뛰어놀다가 도서관에 가서 책을 빌려와 함께 보고 이야기를 나누기도 했다. 아이의 경험과 관련지을 수 있는 자연 관련 영어 그림책은 집에서 몇 권 챙겨가서 아이와 보고 이야기를 나누기도 했다.

아이와 자연에서 뛰어 놀고 싶지만 현실적으로 어려울 때가 많다. 그럴 땐 자연 관련 그림책을 통해 아이의 생각만이라도 훨훨 날게 해주고 싶다는 생각이 든다. 그림책 하브루타를 통해 자연을 더 이해하고 자연을 사랑하는 마음을 가질 수 있기 때문이다.

자연을 그냥 경험하는 것보다 경험 후 혹은 경험 전 맘껏 상상하고 이야기하는 시간이 아이에게 자연에 대한 더 큰 호기심과 애정을 가져올 것이다.

자연에 관한 영어 그림책

Tap the magic tree (By Christie Matheson)

계절에 따라 변화하는 나무의 모습을 재미있게 표현한 그림책이다. 나무를 보면서 어떤 계절 인지에 대해 이야기 해보고 계절의 변화에 대해 이야기 해보기 좋은 책이다.

Water (By Frank Asch)

물의 순환 과정을 아름다운 색채로 표현해 낸 그림책이다. 간결한 문장으로 아이와 함께 읽어 내려가기 좋은 책이다. 물의 순환과 우리 삶에서 물의 필요성과 중요성을 아이와 함께 이야기 해보기 좋은 책이다.

The wind blew (By Pat hutchins)

작가인 팻 허친스는 유아들이 보기 좋은 간단한 단어나 문장으로 표현하는 작품이 많다. 작은 마을에 바람이 불어 생기는 유쾌한 소동 이야기를 담은 그림책이다. 아이들과 바람에 대해 이야기해 보기 좋은 책이다.

Walking through the jungle (By Debbie Harter)

아이들이 너무나 좋아하는 책. 장소마다 다른 동물들이 살고 그 동물들이 소녀를 따라온다. 소녀는 도망을 가지만 결국엔 다 함께 맛있는 식사를 즐기고 잠이 든다. 동물들이 사는 장소와 동물들이 왜 따라왔는지 함께 이야기해 보기 좋은 책이다.

Quick as a cricket (By Audrey wood)

오드리 우드는 엄마, 돈 우드는 아빠로 부부가 함께 그림책을 만든다.
동물이나 곤충마다의 특징을 나와 비교하여 표현한 그림책이다. 아이가 좋아하는 동물 혹은 곤충과 본인의 차이점이나 닮은 점에 대해 이야기해 보기 좋은 책이다.

Good night owl (By Pat hutchins)

《The wind blew》의 작가 팻 허친스의 또 다른 작품. 부엉이와 여러 새들의 이름과 새들의 다양한 소리를 나타낸 그림책이다. 아이와 새에 대해서, 밤과 낮의 동물 그리고 동물의 울음소리에 대해 이야기 나누기 좋은 책이다.

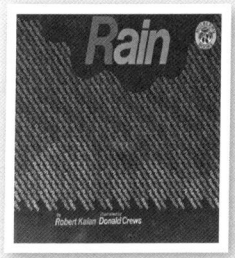

Rain (By Robert Kalan)

어른들은 싫지만 아이들은 비오는 날을 좋아한다. 물웅덩이가 있으면 무엇이 들어 있나 꼭 한번은 참방거리고 지나가기도 한다. 선명한 색감으로 비가 오는 것을 표현한 그림책. 비에 대해 이야기해 보기 좋은 책이다.

Snow (By Uri Shulevitz)

크리스마스만큼이나 눈을 기다리는 아이들. 눈이 오는 날이나 아이들이 눈을 기다리는 날에 함께 읽기 좋은 책이다. 눈이 오면 왜 좋은지 눈에 대한 추억은 무엇이 있는지 이야기 해보기 좋은 책이다.

자연에 관한 하브루타 질문들

어떤 계절을 좋아하니?

계절마다 다른 점은 뭐가 있을까?

눈이 오늘날은 왜 좋을까?

비가 오면 생각나는 게 있니?

동물들이 사는 곳은 왜 다를까?

밤과 낮에 활동하는 동물들은 왜 다를까?

되고 싶은 동물이 있니? 왜 되고 싶어?

내가 나무라면 어떨까?

산이나 바다에 가면 어떤 기분이 들어?

산이나 바다에서 가장 하고 싶은 놀이는 뭐야?

자연이 우리에게 주는 것은 무엇일까?

우리가 자연을 위해 할 수 있는 일은 뭐가 있을까?

자연에 관한 영어 질문들

What season do you like?(어떤 계절을 좋아하니?)

How do you feel when it snows?(눈이 오면 기분이 어때?)

How do you feel when you go to the mountain?(산에 가면 기분이 어때?)

What do you want to do in the sea?(바다에 가면 뭘 하고 싶니?)

What if you were a tree?(만약 네가 나무라면?)

What animal do you like?(어떤 동물을 좋아하니?)

Where do animals live?(동물들은 어디에 살까?)

What animal do you want to be?(어떤 동물이 되어보고 싶니?)

What does nature gives us?(자연이 우리에게 무엇을 줄까?)

영어 그림책으로 하는
창의력 키우기

 아무리 생각해도 나는 창의적인 사람과는 거리가 멀다. 창의력이 없는 엄마가 아이들의 창의력을 키워주려니 막막하기만 했다. 아이와 처음 하브루타를 할 때는 어떤 질문이 창의적인 질문인지 생각해내는 것조차 어려웠다. 모든 것이 창의성이 없는 한계에서 온다고 생각했다.
 좋은 기회에 창의융합 교육 지도사 연수과정을 알게 되었고 신청하게 되었다. 현시대에 대두되고 있는 창의성에 대해 여러 좋은 강연도 듣고 연수 후에 창의성 관련 책도 여러 권 읽어보았다. 가장 크게 느낀 건 창의성은 멀리 있거나 세상 새로운 것이 아니라는 것이다. 내가 창의성에 대해 너무 어렵고 막연하게 생각한 부분이 많았다는 것을 알았다.
 창의성은 발견하는 게 아니라 훈련을 통해 자랄 수 있는 것이며, 모든 아이들이 가진 호기심들로 연결을 지어 창의력을 키워낼 수 있는 것이었다.

창의력은 새로운 것이 아닌 기존에 있었던 것을 새롭게 구성하고 발전시키는 능력이다. 또한 기존의 관점을 바꾸어 보면서 색다른 것을 생성해 나가는 능력이기도 하다.

결론적으로 기존에 있는 것을 다른 눈으로 보고 새롭게 발전시켜 나가는 능력을 키워주면 창의력도 자라는 것이다.

우리나라 봉준호 감독의 영화 〈기생충〉이 세계의 권위가 있는 시상식인 아카데미 영화 시상식에서 작품상을 수상했다. 이외에도 감독상, 각복상, 국제 영화상을 받아 한국영화 최초로 '4관왕'의 기록을 세웠다.

연일 뉴스에서 나오는 시상식 장면을 보다가 내 마음에 그린라이트가 켜지는 장면이 있었다. 봉준호 감독은 수상소감에서 "가장 개인적인 것이 가장 창의적인 것이다"라는 말을 했다. 이 말은 봉준호 감독이 존경하는 마틴스 코세이지 감독님의 말씀을 항상 가슴에 새기고 있었다고 한다.

"가장 개인적인 것이 가장 창의적인 것이다."

이 말을 듣는 순간 몸에 전율이 흐르는 듯했다. 나 자신에게 던지는 끊임없는 질문과 생각, 하브루타의 핵심인 이것이 바로 봉준호 감독의 창의성이 아니었을까 하는 생각이 들었다.

우리 아이들도 마찬가지이다. 다른 이를 맹목적으로 따라하는 것이 아니다. 내 안에 있는 호기심을 개발하고 새로운 관점으로 관찰

하며 끊임없이 질문을 던지는 과정에서 창의력을 자랄 것이라는 생각이 들었다.

나만의 관점이 바로 창의적 관점이 될 수 있는 것이다. 아이가 어릴 때부터 엄마와의 대화와 질문을 통해 스스로 의문을 가지고 생각하는 과정이 중요하다. 어릴 때부터 경험이 쌓인다면 어른이 되어서도 스스로 질문을 던지고 생각하는 일이 습관화되기 쉽다.

엄마와 함께 읽는 그림책을 통해 깊이 있는 대화와 색다른 관점에 대한 이야기를 많이 나누는 것, 이것이 바로 엄마가 아이의 창의력을 키워줄 수 있는 가장 쉽고 재미있는 방법이다.

특히나 영어 그림책에는 다른 나라의 다양한 문화도 담겨져 있다. 다양한 문화를 이해하고 융합하는 과정을 통해 아이의 창의성이 자란다. 다른 문화를 말이나 교육을 통해 전달하는 것보나 그림책을 통해 재미있게 이해하는 과정이 훨씬 자연스럽고 효과적이다.

유대인들이 창의적인 이유 중 하나가 여러 나라에 흩어져 살면서도 자기 민족의 긍지를 잊지 않고 그 나라의 문화도 받아들이기 때문이라고 한다.

아이들에게 영어 그림책으로 다른 문화를 자연스럽게 이야기해보고 다양성을 이해하는 과정 또한 창의력을 위해 좋은 방법이다. 그림책의 수많은 매력 중 최고는 바로 창의력을 키워주는 것이 아닐까.

나는 그림책 중에서도 반전이 있거나 유머스러운 그림책을 좋아한다. 어떠한 상황에서도 유머스러움을 가지고 있는 것. 바로 긍정성이기 때문이다. 이 긍정성이 아이가 실패를 두려워하지 않고 다시 도전할 수 있는 힘을 줄 수 있다고 생각한다.

아이들도 교훈이 담긴 뻔한 스토리보다 웃기거나 예상치 못한 결과가 있는 그림책을 보면 희열을 느끼기도 한다. 이런 책들을 읽고 나면 아이들이 서로 이야기하려고 한다. 장난삼아 다른 결말을 이야기하기도 하고 더 황당한 이야기를 만들어 내기도 한다.

나는 이 과정이 즐겁게 창의력을 기르는 과정이라고 생각한다. 그래서 웃기거나 반전이 있는 그림책을 만나면 너무 반가워 빨리 아이들과 이야기 나누고 싶어진다.

창의력, 유머, 반전이 담긴 그림책

That is not a good idea! (by Mo Willems)

반전이 살아있는 그림책. 만화를 보는 듯한 느낌으로 장면 장면을 넘기면서 가슴이 쫄깃해진다. 엄청난 반전으로 웃음으로 마무리 되는 책. 결과를 알고 늑대의 입장에서 그리고 거위의 입장에서 이야기해 보기 좋은 책이다.

Suddenly! (By Colin McNaughton)

너무 귀여운 돼지 늑대가 따라오는 지도 모르고 마냥 씩씩하게 본인의 갈 길을 간다. Suddenly! 부분을 크게 읽어주면 긴장감이 살아 아이들은 더욱 더 책에 빠져서 보기도 한다. 아이들이 늑대가 당할 때마다 까르르 넘어가면서 좋아하는 책이다. 웃으면서 아이들과 늑대가 당한 이유와 귀여운 아기돼지의 행동에 대해 이야기해 보기 좋은 책이다.

Shh! We have a plan (By Chris Haughton)

한동안 둘째가 어릴 때 매일 가져왔던 책이다. 많이 봐도 볼 때 마다 웃으며 좋아하던 책이다. 간결한 문장과 그림으로 이해가 쉽다. 아이들의 몰입도 최강인 책이다. 아이들과 새를 잡는 또 다른 방법은 무엇이 있을지 이야기 나누고 다음 내용을 추측해보기 좋다.

Not a box (By Antoninette Portis)

박스 하나로 상상력을 발휘한 책이다. 그림 속의 토끼가 꼭 우리 아이들과 닮았다. 작가 앙트아네트 포티는 디즈니에서 일한 경험이 있어서인지 스토리 구성이 재미있다. 간결한 내용과 반복으로 영어 그림책 시작할 때 좋은 책이다.

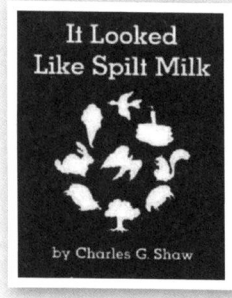

It looked like spilt milk (By Charles G. Shaw)

아이들이라면 누구나 한번쯤은 우유를 쏟은 경험이 있을 것이다. 쏟아진 우유 모양을 보고 추측해나가는 이야기가 담긴 책이다. 재미있는 상상으로 유쾌함을 주는 책이다. 아이가 우유를 쏟았을 때 어떤 모양이었는지 이야기해 보고 실수를 재미있게 풀어나가는 이야기를 하기 좋은 책이다.

Bear Hunt (By Anthony Browne)

빠질 수 없는 창의력 작가 앤서니 브라운의 작품. 책을 보고 본인도 마술 연필을 갖고 싶다는 아이들.

마술 연필을 가진다면 뭘 그리고 싶은지, 언제 마술 연필을 가지고 싶은지 이야기해 보면 좋은 책이다.

Seven blind mice (By Ed young)

너무나 유명한 책이다. 한글번역서로도 이미 많이 알려진 책. 추측 그리고 추론하기에 좋은 책이다. 아이들은 어떻게 보이는지 또 왜 그렇게 생각하는지 이야기해 보면 좋다.

This is not my hat (By Jon Klassen)

반전과 함께 열린 결말을 가진 그림책이다. 작가인 존 클라센은 모자를 소재로 한 그림책이 많은데 상상력이 돋보이는 작품들 중 하나이다. 열린 결말로 마무리기에 결말에 대해 아이들과 이야기해 보기 좋은 책이다.

창의력을 기르는 하브루타 질문

창의력을 기르는 질문은 크게 세 가지로 나눌 수 있다. 최대한 많은 생각을 하게 하는 질문, 다른 관점에서 생각하게 하는 질문, 예상치 못한 발상에 관한 질문들이다. 그림책을 바탕으로 세 가지를 생각하면서 질문을 만들어 보면 좋다.

네 생각은 어떠니?
왜 그렇게 생각하니?
만약 ~~하지 않으면 어떻게 될까?
다른 방법에는 뭐가 있을까?
무엇이 다를까?
네가~~라면 어떨 것 같니?
만약 ~~했다면 어떻게 되었을까?
초능력이 있다면 무엇을 하고 싶어?
다음 이야기는 어떻게 될까?

창의력 영어 질문들

What do you think?(네 생각은 어떠니?)

Why do you think so?(왜 그렇게 생각하니?)

What if~~?(만약~~한다면?)

What's the next story?(다음 이야기는 어떻게 될까?)

What's different?(무엇이 다를까?)

Anything else?(또 다른 건 없을까?)

Chapter 5

천 명의
아이들을
만나며

엄마의 사랑과 아이의 사랑

수년간 어린이 영어교사로 일을 하면서 천 명 가까운 아이들을 만났다. 천 명 가까운 엄마들도 만났다. 일을 하면서 일 년에 두 번 엄마와의 상담기간이 있어 엄마들의 걱정과 목소리도 들을 수 있었다. 엄마들이 아이들을 사랑하는 마음은 같지만 엄마들마다 사랑의 방식은 각기 달랐다.

아이의 존재만으로도 감사하고
건강하고 밝게 자라길 바라는 엄마의 사랑.
아이가 공부를 잘해서 엄마의 면목 좀 세워주길 바라는
엄마의 사랑.
아이가 인기도 많고 리더십이 많길 바라는 엄마의 사랑.
음악도 체육도 영어도 잘하는 재능이 많은 아이이길 바라는
엄마의 사랑.
실패해도 벌떡 일어나서 다시 도전하는 자존감이 높길 바라는

엄마의 사랑.

때로는 엄마 사랑의 방식이 이 모든 게 포함이 되기도 혹은 상황에 따라 바뀌기도 한다. 하지만 아이들을 보면서 느낀 것은 아이들이 엄마를 사랑하는 방식은 하나같이 똑같았다.
조건 없는 사랑.
엄마를 조건 없이 사랑하는 아이들.
그리고 엄마도 자신을 조건 없이 사랑해주길 바라는 아이들.

나 또한 일을 하면서 느끼고 다짐했지만 막상 엄마가 되고 나니 종종 잊고 지낼 때가 많았다. 아이가 생기고 태어났을 때의 엄마 초심은 잊고 엄마 욕심이 불쑥불쑥 올라오기도 했다. 때로는 내 아이를 통해 내 자존감을 보상 받고 키우려는 위험 생각도 했었다.
모든 엄마들은 엄마 초심을 가지고 있다.
아이가 뱃속에 있었을 때는 이렇게 소망했다.
'딸이건 아들이건 건강하게만 자라길…'
아이가 처음으로 세상에 나왔을 때는 이렇게 소망했다.
'아프지 말고 씩씩하게만 자라주길…'
간절했던 엄마의 순수한 마음이 있었다.
지금도 여전히 한 번씩 엄마의 욕심이 튀어나오는 날엔 다시 그림책을 들어 책 속에 푹 빠져본다. 자연스럽게 나의 동심이 살아나면서 아이의 관점에서 생각을 하면서 나를 돌아보게 된다.

'아이가 원하는 엄마는 지금 내 모습이 맞을까?'

눈을 감고 천천히 내가 어릴 적 엄마에게 바랐던 감정들이 어땠는지 기억을 더듬어 보았다.

나도 아이 때 마찬가지였다. 엄마가 나를 있는 그대로 인정해 주길 바라고 내 이야기를 들어주길 바랐었다. 나를 인정해주고 내 말을 들어줄 때 엄마의 따뜻한 사랑을 느꼈었다. 엄마의 따뜻한 사랑이 큰 힘이었고 세상의 빛이었다.

어릴 적 부모님과 함께한 좋은 추억들 덕분에 내가 힘들고 지쳐도 다시 일어날 수 있는 용기와 힘이 되었다. 하루하루 행복했던 날들이 쌓여 내 인생의 큰 뿌리가 되었고 엄마가 된 지금까지도 내게 큰 힘이 되어주고 있다.

나 또한 우리 아이들을 위해 엄마로서 해줄 수 있는 가장 큰 것이 어린 시절에 좋은 추억을 많이 만들어 주는 것이라 생각된다. 물론 가끔씩 떠나는 가족 여행도 좋고 새로운 체험도 좋다. 그 중 가장 깊고 진한 추억은 매일매일 엄마와 함께 좋은 그림책을 통해 이야기 나누고 엄마의 사랑을 느끼는 것이 아닐까. 우리 아이의 긴 인생에 있어서 엄마와 함께한 소중한 시간들이 가장 든든한 지원이 되리라 나는 믿는다.

나는 아이들에게 삶을 살아가는 요령이나 방법이 아닌 삶을 살아내는, 다시 일어설 수 있는 힘을 주는 엄마가 되고 싶다. 모든 것을 포기하고 지지고 쓰러지고 싶을 때 부모와의 좋은 추억을 생각하며 다시 한 번 일어나게 할 수 있는 용기를 주고 싶다.

아이와 함께하는 그림책 하브루타 시간이 나에겐 좋은 추억을 만드는 최고의 시간이다.

아이도 재미있고 나도 행복한 시간.
아이의 이야기를 들어주며 인정해주고
내 아이에 대해 알아가는 시간.
아이와 내가 함께 상상의 나라,
판타지세계로 뛰어 들어가 맘껏 노는 시간.
아이와 함께 때로는 웃고 때로는 울면서 공감하며
서로의 사랑을 확인하는 시간.
다시 동심으로 돌아가 아이를 보는 내 마음에
여유가 생기는 시간
넓은 마음으로 내 아이를 있는 그대로
사랑하고 품어주는 시간.

이 시간들이 나에게는 물론 아이들에게도 좋은 추억을 쌓아가는 소중한 시간들이다.
아이의 더 나은 미래의 성공을 위해서 지금을 아끼고 포기하고 싶지 않다.
매일매일 아이와 행복한 추억을 쌓아 나가고 싶다.
나는 아이와 오늘,
지금 행복하고 싶다.

다시 한 번
새 활짝 피고 싶은 내 인생

 멋진 엄마가 되고 싶었다. 아이를 누구보다 잘 키우고 싶은 마음이 컸다. 그러다 나를 잃고 어둠속에서 허우적대기도 했다.
 한줄기의 빛으로 만난 그림책과 책을 통해 깨달았다. 멋진 엄마가 되기 이전에 멋진 내가 있어야 된다는 사실을. 내 인생의 주체가 누구를 위해서 무엇을 위해서가 아닌 나 자신을 위한 삶이 진행되어 나아가야 한다는 것을. 이제는 좀 더 나은 엄마가 아닌 좀 더 나은 내가 되고 싶다.
 처음 육아를 하면서 내 방식대로 아이들을 가르치려 했다. 나를 틀 안에 가두려 하면 할수록 나도 아이도 힘들어지는 시기가 있었다. 아이들 때문에 내가 힘들고 고단하다고 생각했다. 하지만 아이들로 인해 힘들고 치쳤던 부분은 아이들의 문제가 아니었다. 내 속에 약한 부분으로 인한 나의 문제였다.
 아이들이 나로 인해 성장하는 것이 아니었다. 내가 아이들 덕분에 보기 싫은 나 자신의 치부를 보게 되고 깨닫게 되고 배워나가고 있었다. 아이들로 인해 그제야 내가 어른으로 성장하고 있었던 것이다.

아직도 때로는 감정폭발을 하기도 하고 아이들 앞에서 실수를 하기도 한다. 후회와 자책만 하던 전과 달리 나 자신의 한계를 깨닫고 다시 생각하고 시작한다. 오히려 그 후회들 덕분에 다시 한 번 나를 알고 변화하려 노력한다.

아이들을 위해 내 생각과 감정을 무조건 억누르며 참고 인내하는 것만이 능사는 아니다. 때로는 내 본모습이 불쑥 튀어나와 내가 뼈저리게 깨달아야 한다. 그래야 변화도 가능하다고 생각한다.

수많은 실패와 도전의 경험으로 자아 효능감이 쌓이듯 엄마 효능감도 실수와 실패 그리고 다시 마음잡고 도전하는 과정에서 서서히 자라는 게 아닐까. 엄마의 실수와 실패로 인해 좌절하기 보단 그로 인해 나 자신에 대해 더 깊이 깨닫는 계기로 만드는 건 어떨까. 나 자신을 더 잘 안다면 더 나아갈 수 있지 않을까.

나의 부족한 면과 감추고 싶은 모든 부분을 내가 인정하고 그대로 받아들여야 한다. 그래야 아이들도 있는 그대로의 모습을 이해하고 조건 없는 사랑이 가능함을 깨달을 것이다.

내 모습을 평생 이해하고 개선해 나가듯 아이들에 대한 조건 없는 사랑도 평생 연습하고 훈련되어야 한다.

나에겐 빛이었던 책과 하브루타를 통해 내가 점점 변화되었다. 지금도 그 변화는 진행 중이다. 책이 내가 잊고 있었던 내면의 세계로 연결시켜 주었고 자신과의 하브루타를 통해 내 마음속에 아직도 여러 개의 씨앗이 남아있다는 것을 알게 해주었다.

책은 나의 내면의 세계로 통하는 길을 만들어 주었고 하브루타는 나에게 희망의 씨를 심어 주었다. 희망의 씨앗들로 다시 꽃을 피우고 싶다는 욕망이 생겼으며 책으로 영양분을 채워 나갔다.

이러한 지금의 노력과 도전들이 비단 엄마의 역할을 위해서만은 아니다. 아이들의 교육과 본보기를 위한 노력도 아니다. 물론 아이들이 동기부여는 줄 수 있겠지만 내가 주인공이 아닌 아이들을 위한 삶은 언젠가 또 다시 공허함을 느낄 것이다.

나를 위한 삶이 먼저이다. 내가 내 삶의 주인공으로 최선을 다해 살고 싶다. 누가 나를 위해 비춰주거나 혹은 다른 사람을 위해 비춰주는 것이 아니다. 내 인생의 조명을 스스로 밝혀서 내가 빛나길 바란다.

우리 아이들 또한 내가 노력하는 삶의 태도를 보고 자랐으면 좋겠다. 아이들이 원하는 삶을 내가 대신 살아줄 수도 미리 알려줄 수도 없다. 아이들이 스스로 본인을 알아가고 스스로를 사랑하는 방법을 알아갔으면 좋겠다. 우리가 그러하듯 아이들도 평생 자신의 삶에 대해 고민하고 스스로 원하는 바를 실천해나가는 과정. 그게 내가 주체가 되어 살아가는 삶의 과정이 아닐까.

아이들이 스스로 본인이 원하는 삶이 어떤 삶인지 알아가는 과정에 엄마가 할 수 있는 것은 두 가지뿐 이라고 생각한다.

내 아이를 믿어주는 것.

그리고 내 아이와 좋은 추억을 많이 쌓아가는 것.

물론 앞으로의 삶에 있어서 다시 시련이 오고 흔들리는 경우도 올 것이다. 하지만 전과는 다를 것이라 생각한다.

이제 나에게는 책이라는 큰 무기가 있다. 세상에서 가장 강력한 무기를 가지고 하브루타를 통해 단련을 해 나갈 것이다. 단련을 통해 쉽게 흔들리지 않고 더욱 단단해지고 견고해질 것이라 믿는다.

한때 나는 피고 저버린 꽃이라고 생각했다. 더 이상 필수 없이 시들어 버린 꽃. 생생하고 아름다운 시절은 이미 다 지나가 버렸다고 낙심하기도 했다. 꽃을 피울 수 있는 영양분도 희망도 남지 않았다고 생각했다. 꽃을 피울 수 있는 시기는 단 한 번뿐이고 이제는 나에게 기회가 오지 않을 거라 생각했다. 하지만 이제는 아니다.

지나간 삶을 안타까워하기 보다 앞으로의 삶에 대한 기대심이 더욱 커졌다. 이제 나는 남에게 보여 주기 위한 화려하고 힝기가 강한 꽃은 되지 못할지라도 나만의 의미가 있는 꽃을 피우고 싶다.

나는 내 인생에 또 다른 꽃을 피울 것이다. 어떤 꽃이 피게 될지는 모르겠지만, 전보다 덜 화려할 수도 있겠지만, 전보다 더 깊은 꽃말을 가진 꽃이 되고 싶다. 다시 그 꽃이 시들어 버릴지라도 실망하지 않고 다음 꽃을 위해 준비할 것이다. 그리고 남은 내 인생을 살아가면서 다양한 꽃을 피우고 지고 또 피울 것이다.

다시 한 번 새 활짝 피고 싶은 내 인생을 위해서.

우리들의 인생을 위해서.

마치는 글

얼마 전 책을 읽고 있는데 아이가 다가와 물었습니다.
"엄마는 언제 제일 행복해요?"
"엄마? 음….'
대답하려고 하는 찰나 아이가 안다는 듯 말했습니다.
"아~, 알겠다! 엄마는 책 읽을 때 제일 행복하죠?"
아이의 눈에 그렇게 비춰졌다니 감사할 따름이었습니다. 원래 그런 내가 아니었는데….
다행히 예전의 모습을 아이는 기억하지 못하나 봅니다. 아이들은 어른과는 달리 엄마의 좋은 모습을 더 보려하는 것 같아 뭉클하기도 했습니다.

책을 읽을 때 늦을 때란 없습니다. 엄마라고 해서 꼭 두껍고 어려운 책을 읽어야 하는 것도 아닙니다.
이 책을 읽은 독자들이 먼저 그림책에 대한 시선이 조금은 달라지길 바랍니다. 영어 그림책과 한국 그림책의 경계를 두지 않고 본인을 위해 즐기는 시간을 가져보길 권합니다.

그림책을 통해 공감과 위로를 받고 따뜻한 마음이 생길 것입니다. 그 온기로 본인 마음속의 얼음을 먼저 어루만지고 녹였으면 좋겠습니다. 그리고 햇살 같이 따뜻하고 밝은 마음으로 아이들을 보았으면 좋겠습니다.

그리고 영어를 위한 영어 그림책이 아닌 좋은 그림책을 감상한다는 마음으로 보았으면 합니다.
발음에 신경을 쓰기보단 아이와 눈을 맞추고 생각을 이야기하는 시간을 더 많이 가졌으면 합니다.
보석보다 소중한 아이들의 마음에 보석보다 더 아름다운 추억으로 간직될 것입니다. 영어를 좋아하는 심지를 마음속에 뿌리 내릴 수 있을 것입니다.

마지막으로 이 글을 읽는 독자들이 그림책에서 나아가 책을 즐기는 마음이 생긴다면 좋겠습니다.
세상의 많은 독서법들이 쏟아져 나오고 있습니다. 하지만 나만의 독서법은 내가 만드는 것이라 생각이 듭니다. 비록 과정이 오래 걸릴지라도 스스로 만든 나만의 습관은 쉽게 무너지지 않습니다. 책을 대하는 태도와 감정이 아이들에게 그대로 전달됩니다. 엄마가 노력하고 커나가는 과정에서 아이들도 함께 자랄 것입니다.

  책을 좋아하고 즐겨했지만 제가 책을 직접 쓸 수 있다는 생각은 꿈에도 하지 못했습니다.
  책을 많이 보면 글을 쓰고 싶다는 생각이 드는 것이 본능이라고들 하지만 이 어려운 일을 과연 어떻게 해야 하는지 왜 해야 하는 건지 고민만 할 뿐이었습니다.
  마냥 좋아하는 책을 편안히 즐기자라는 생각이 더 컸습니다.
  하지만 어느 순간부터 내가 책을 쓴다면 어떨까라는 생각이 머릿속에 맴돌았습니다.
  혹시나 내 책을 통해 아주 작은 콩만큼의 공감이라도 얻고 한 사람에게라도 씨앗이 되고 뿌리를 내릴 수 있다면 어떨까 하는 생각이 들었습니다. 그렇다면 인생에서 쉽게 겪어보지 못할 행복감에 사로

잡힐 수도 있겠다라는 생각에 가슴이 벅차왔습니다.

  육아퇴근을 하고 자고 싶지만 자기 싫은 숱한 밤들을 고민하며 여기까지 왔습니다.
  글을 마칠 수 있었던 건 한 사람이라도 책을 통해 힘을 얻고 용기를 얻었으면 하는 작은 바람들 덕분이었습니다.
  그림책을 통해 마음에 온기를 찾고 다시 꿈을 꾸게 된 것처럼 누군가도 그럴 수 있지 않을까라는 희망이 깜깜한 방 안 눈부신 모니터에 앞에 앉게 만들었습니다.
  같은 공간과 같은 시대를 살아하는 우리이지만 각자의 상황 속에서 어둡고 느린 시간을 견디는 엄마들을 위해 힘을 주고 싶습니다.
  그리고 항상 응원합니다.
  감사합니다.

영어 그림책,
하브루타가 말을 걸다

초판 1쇄 발행 _ 2020년 9월 5일
개정판 1쇄 발행 _ 2023년 6월 20일

지은이 _ 이영은
펴낸곳 _ 바이북스
펴낸이 _ 윤옥초
책임편집 _ 김태윤
책임디자인 _ 이민영

ISBN _ 979-11-5877-343-4 03370

등록 _ 2005. 7. 12 | 제 313-2005-000148호

서울시 영등포구 선유로49길 23 아이에스비즈타워2차 1005호
편집 02)333-0812 | 마케팅 02)333-9918 | 팩스 02)333-9960
이메일 bybooks85@gmail.com
블로그 https://blog.naver.com/bybooks85

책값은 뒤표지에 있습니다.
책으로 아름다운 세상을 만듭니다. — 바이북스

미래를 함께 꿈꿀 작가님의 참신한 아이디어나 원고를 기다립니다.
이메일로 접수한 원고는 검토 후 연락드리겠습니다.